THE NAPOLEONIC WARS

拿破仑图传

【英】理查德·霍尔姆斯 著

胡向春 译

长江出版传媒 | 长江文艺出版社

1

内容简介

拿破仑如同史诗中的巨人一般，驰骋于19世纪初的欧洲。1812年时，欧洲大陆的大部分疆土都在其掌控之中：他颁布的诏书遍及西班牙南部至巴尔干半岛，从大西洋延伸至俄国。他战胜了除英国外的几乎所有强国。英国将英吉利海峡作为天然屏障实施“深壕防御”，很难想象英国是如何能够避免陷入被征服的困境。拿破仑白手起家，让法国人几乎在不经意间成为欧洲大陆的主宰。这部权威著作由英国著名的、最受尊敬的军事历史学家撰写。著作讲述了拿破仑的一生，从法国大革命时代背景直至拿破仑离世以及他留下的丰厚遗产。整部著作不仅展现了精美的画作、地图和照片，还包括一些珍稀文件的影印本，如秘密签署的文件、密码信息、记录本、报告和信件等，这些都是对世界各地博物馆收藏品进行了专业研究探索的成果。

作者简介

理查德·霍尔姆斯，英国著名军事历史学家，英国克兰菲尔德大学和国防研究院防务与安全学院教授。他的著作畅销世界，包括《威灵顿：铁公爵与红衫军》《帝国战争博物馆：诺曼底登陆日》《图说一战》和《图说二战》。他还曾担任《牛津军事历史指南》的总编，并为BBC主持播出了7部系列电视纪录片，包括“战争漫步”以及“丘吉尔的足迹”。

上图：雅克·路易斯·大卫画作中的拿破仑。1800年5月20日，时任首席执政官的拿破仑，正在穿越大圣伯纳德山口，并由此成为传奇英雄。拿破仑脚下岩石上的雕刻，将他与汉尼拔和查理大帝相比拟。

右页左图：让·奥古斯特·多米尼克·安格尔为拿破仑作的肖像特写，当时拿破仑正加冕成为法兰西帝国皇帝。

右页右图：拿破仑在圣·赫勒拿岛向蒙托隆口述回忆录时的肖像特写。

目录

LIBERTÉ, FRATERNITÉ, EGALITÉ OU LA MORT.

引言：拿破仑时代

以人名定义的历史时代，很少有能够像“拿破仑时代”那样引起广泛的共鸣。

拿破仑如同史诗中的巨人一般，驰骋于19世纪初的欧洲。1812年，欧洲大陆的大部分疆土都在其掌控之中：他颁布的诏书遍及西班牙南部至巴尔干半岛，从大西洋延伸至俄国。他战胜了除英国外的几乎所有强国。英国将英吉利海峡作为天然屏障实施“深壕防御”，很难想象英国是如何能够避免陷入被征服的困境。他为六位家族成员加封，向旧王朝的领导者们强加条件，并娶了神圣罗马帝国国王的女儿。他重新建立了国家的行政、教育和立法制度，稳定了货币，创建了法国银行，实现了新型贵族统治，设立了法国荣誉军团勋章。他还是艺术资助人，使法国博物馆保存了大量在征战过程中夺取的战利品。拿破仑是那个时代的伟人，他曾预言即使是对手也难以忽视他的功绩：“他们难以将我从公众的记忆中全部抹去。法国历史学家必然会研究法兰西帝国，也必然会给予我应有的评价。”

不过，如何才能对拿破仑做出公正的评价？当我们回顾拿破仑的历史时，不禁会被他吸引，但同时又心存距离。在我自己的生命中我极少会做出公平的判断。在

上图：法兰西帝国早期设计的国家象征符号——雄鹰，爪部紧紧抓住朱庇特的武器——雷电。

左上图：卡尔·冯·施托伊本的画作使用了不同背景下的拿破仑佩戴的标志性三角帽，总结了他一生中的8个不同阶段。

左下图：纪念奥斯特里茨战役胜利的铜桌。这幅塞夫勒瓷质插图描绘了诸位元帅及其他领导人物簇拥着拿破仑的场面。

我年仅10岁时，母亲带我来到巴黎，目睹了拿破仑墓在荣军院的穹顶之下发出寒冷的光芒，当时的情景至今仍历历在目。我在文森尼斯大学攻读博士学位时曾亲临一处壕沟，昂吉安公爵在中立的巴登被绑架后于1804年在此处被行刑队枪杀。他是合法但并非公正的死刑判决的受害者：我曾经的偶像手上沾满斑斑血迹。

在从奥斯特里茨到瓦格拉姆的十余个战场，我见证到一位男子。他可以在奥斯特里茨战场战胜庞大军队；他可以在耶拿战场粉碎当时的军事巨人；1814年的法国战场上，他可以在强大的对手之间快速机动，轮番冲向敌人。他能够激发起部属最强烈的忠诚感。1809年，当拿破仑在雷根斯堡被击中脚踝时，有传言说他伤势严重，于是他的部属从四面八方纷纷赶来。轻骑兵军官马塞林·马博特这样描述当时看到的场景："转瞬间，上千名士兵将拿破仑围在中央，毫不畏惧敌人的火炮集中向他们轰炸。"1803年，拿破仑猎骑兵团年轻的骑兵查尔斯·帕奎因在拿破仑的住处外站岗，他回忆说："当我在他居住的公寓外站岗时，心里感到无比的骄傲和喜悦，对此我仍然记忆犹新……我想再也没有比那段执勤经历更为美好的记忆了，因为房间里的人正是整个欧洲关注的中心。"一位年轻的军官在身受致命伤后仍坚持完成自己最后的任务，向拿破仑报信。拿破仑

法国军衔

旧体制下的军队和复辟的波旁王朝时期的将军只有两种军衔：准将和中将。革命者将这两种军衔调整为准将和少将。元帅的任命——波旁王朝时期的法国元帅和拿破仑时期的帝国元帅——不仅仅是一种军衔，更是国家尊严的象征。法国军衔术语中有许多语义陷阱。例如，步兵部队中的brigadier为准将，但骑兵或炮兵部队中的brigadier却是（至今仍然是）下士；在骑兵或炮兵中，marechal des log为中士；大革命时期的上校被称为chef de brigade；少将指的是任命的参谋长而不是军衔。贝尔蒂埃尽管贵为元帅，但在签名时仍然习惯自称“少将”；用“旅长”来指代“准将”肯定会得罪人。本书中，法语的general de brigade译为“准将”，general de division译为“少将”。

说道：“你受伤了。”这名年轻人骄傲地答道：“陛下，为您尽忠！”1814年，费列雷·莱维斯克将军在接受腿部截肢手术时一直勇敢地高呼：“皇帝陛下万岁！”

然而，拿破仑却带着十足的犬儒主义看待这样的举动。他认为一个人只能是为了荣誉而献出自己的生命。如果说拿破仑对昂吉安只是毫无怜悯之心，那么他的残忍行为就要多得多：他曾于1799年下令残杀了大约2000名土耳其囚犯，其中一些人是被刺刀刺死，目的是为了节省弹药。他就是一个彻头彻尾的说谎者。一位秘书记录了一份虚假的急件，直言道：“我按照他的命令记录下这些官方文字，实在让我痛苦万分。”拿破仑却驳斥道：“你就是个白痴，胸无点墨。”他会冷酷无情地对自己的妻子约瑟芬说，他之所以与她离婚，是因为她无法为他诞下子嗣：“夫人，我需要的是子宫。”他绝不会将法国的利益与他自己的利益相分割，正如一位历史学家鼓吹道，“就连成吉思汗也会相形见绌”。这位历史学家称，有300万人在拿破仑发动的战争中丧生。拿破仑卓越的形象既光彩照人，也引起了众怒，这其中的原因没有那么简单。

——理查德·霍尔姆斯

上图：大卫的画作描绘了法国军队代表于1804年12月5日在巴黎战神广场放飞帝国雄鹰，向拿破仑宣誓效忠的场面。

共和历

1793年10月24日至1806年1月1日，法国使用共和历，目的是与过去彻底划清界限，摒弃宗教规范和历史习俗，将数理逻辑和对自然的尊重两相结合。在与农学家雷姆、数学家蒙日、诗人切尼尔和法布尔·戴格朗丁、画家大卫进行了长时间的讨论之后，共和历于1793年正式投入使用。从1792年9月22日共和国成立之日起算，计为共和历元年，从1792年至1793年；第二年为1793年至1794年；第十四年是共和历的最后一年，即1805年至1806年。

共和历每年12个月，每个月份的名称都和自然有关，每3个月反映一个季节：秋季包括葡月、雾月、霜月；冬季包括雪月、雨月、风月；春季包括芽月、花月、牧月；夏季包括获月、热月、果月。

共和历每月30天，分为3旬，10天

拿破仑战争中的反法联盟

第一次反法联盟（1792—1797年）：奥地利、英国、那不勒斯王国、荷兰、普鲁士、皮德蒙特—撒丁、西班牙和一些德意志联邦国家；

第二次反法联盟（1798—1801年）：奥地利、英国、那不勒斯王国、葡萄牙、俄国和土耳其；

第三次反法联盟（1805年）：奥地利、英国、那不勒斯王国、俄国和瑞典；

第四次反法联盟（1806—1807年）：英国、普鲁士、俄国、萨克森和瑞典；

第五次反法联盟（1808—1809年）：奥地利和英国；

第六次反法联盟（1812—1814年）：奥地利、英国、葡萄牙、普鲁士、俄国、瑞典和一些德意志联邦国家；

第七次反法联盟（1815年）：奥地利、英国、荷兰、葡萄牙、普鲁士、俄国、瑞典和一些德意志联邦国家。

为一旬，第一天称为“primidi”（法兰西共和历一旬的第一日），“decadi”为一旬中的第十日，为休息日，而不是每7天休息1天，公众为此怨声载道。基督日历被废除，每日的名称都与植物、动物或诚实劳动相关，例如葡月23日为萝卜日，风月4日为公山羊日；牧月20日为长柄叉日。每日分为100分钟，每分钟为100秒。但因为当时所有的钟表模式都与此法不符，无法大范围使用，因此这种百分制在1795年就基本消失了。每年12个月之外余下的5天（闰年为6天）为国家假期。新年从秋分开始，但因为有闰年的存在，具体日期无法简单预测。共和历后来被拿破仑废除，但在1871年由巴黎公社社员重新使用。

左图：保罗·西普力特·德拉罗升的画传《拿破仑在枫丹白露—1814年战败后的沉思》。

地图索引

战役地图

除了第10—11页的大地图之外，本书中另有8幅小地图，显示的是拿破仑一世时期的一些战役细节。

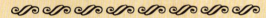

拿破仑领导的战役（1796—1815年）

法兰西帝国

拿破仑家族统治的王国及其他附属国

其他附属国主要战争和战役

意大利战争（1796年）
法军作战行动路线

第二次反法联盟战争
法军作战行动路线

第三次反法联盟战争
法军作战行动路线

1809年奥地利战争
法军作战行动路线

普鲁士战争
西班牙起义发生地点

法俄战争（1812年）
法军前进路线
法军退却路线

摆脱法国统治的解放战争（1813年）

反法联盟军队作战行动路线

法国防御战（1814年）
反法联盟军队作战行动路线

百日战役（1815年）
法军作战行动路线

大规模海战

1812年边界

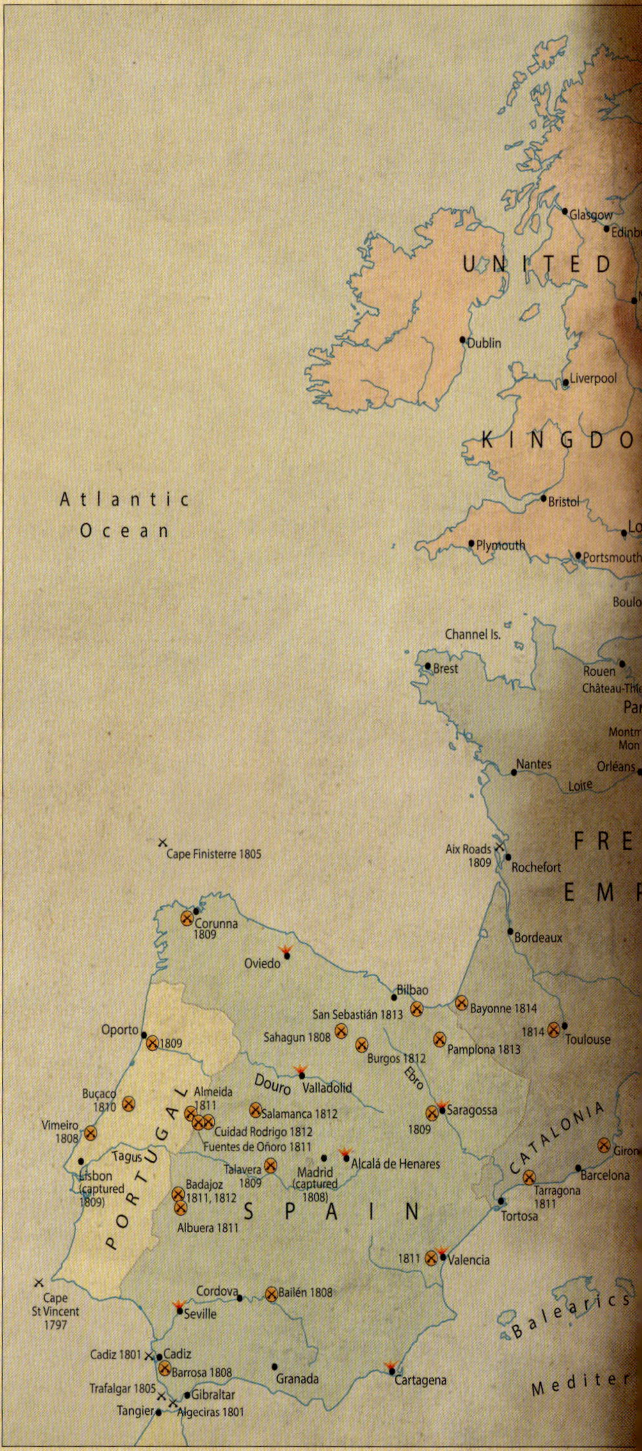

NORWAY
SWEDEN
Stockholm
Helsinki
St Petersburg
Revel
Gothenburg
Pskov
RUSSIAN EMPIRE
North Sea
Baltic Sea
Aarhus
Copenhagen
Copenhagen 1801, 1807
DENMARK
Riga
Dvinsk
Dvina
Moscow (captured 1812)
Borodino
Vyazma
Tarutino
Maloyaroslavets
Smolensk (captured 1812)
Vitebsk
Valutino
Orsha
Krasnoi
Tilsit
Nieman
Vilna
Berezina
Minsk
Dnieper
Don
Kursk
Eylau 1807
Königsberg
Friedland 1807
Danzig
Heilsberg 1807
Hoff 1807
Jonkovo 1807
Lübeck
to Sweden
Hamburg
Stettin
PRUSSIA
Camperdown 1797
Amsterdam
Hanover
Elbe
WESTPHALIA
THE RHINE
Berlin
Grossbeeren
Posen
Pultusk 1807
Tscharnovo 1807
Warsaw
Praga 1807
Brest-Litovsk
Brussels
Cologne
Ligny
Battle of the Nations
Leipzig
Bautzen
GRAND DUCHY OF WARSAW
Vistula
Auerstädt 1806
Dresden
Breslau
Lützen
Katzbach
Jena 1806
Frankfurt
Rhine
CONFEDERATION OF
Kulm
Prague
Oder
Kharkov
Kiev
Dnieper
Rheims
Vauchamps
Champaubert
St Dizier
La Rothière
Arcis-sur-Aube
Bar-sur-Aube
BOHEMIA
Cracow
Nuremberg
Abensburg-Eckmühl 1809
Brünn
Austerlitz 1805
Ulm 1805
Hohenlinden 1800
AUSTRIAN EMPIRE
Wagram 1809
Aspern-Essling 1809
Vienna
Dniester
Zurich 1799
Munich
Salzburg
BESSARABIA
NEUCHÂTEL
HELVETIC REPUBLIC
Innsbruck
Buda
Pest
Graz
MOLDAVIA
HUNGARY
Milan
Bassano
Rivoli
Lonato
Trieste
Zagreb
Turin
Marengo 1800
Lodi
Castiglione
Venice
Arcola
Danube
TRANSYLVANIA
Dego
Genoa
Montenotte
Mondovi
KINGDOM OF ITALY
Bologna
ILLYRIAN PROVINCES
Sava
Belgrade
WALLACHIA
LUCCA
SAN MARINO
Florence
Spalato
Danube
Black Sea
Elba
PIOMBINO
Corsica
Adriatic Sea
OTTOMAN EMPIRE
Rome
KINGDOM OF NAPLES
KINGDOM OF SARDINIA
Naples
Taranto
Cagliari
Corfu
Sea

革命背景

拿破仑·波拿巴这个名字在1796年以前在习惯上还是意大利拼写风格。倘若不是法国大革命，他不可能被历史所铭记，将仍然只是一名默默无闻的炮兵军官。

然而，当爆炸性的巨大变革到来之时，从国王路易十六到许多下级军官和下层官员在内的大多数当权者被驱赶下台。一些新人昂首挺胸地接掌了政权，其中有几位很快就沦为恶魔的受害者，这个恶魔甚至吞噬了自己的孩子。对善变者和野心家来说，这既是天赐良机，同时也蕴含着巨大的危险。

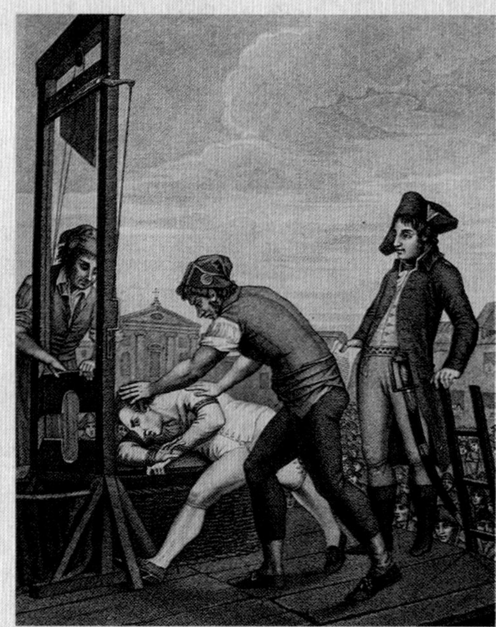

上图：这幅现代版画描绘了对罗伯斯庇尔进行处决的场面，展现了受害者在黑暗中苦苦挣扎的情景。这些被处决者其实是被固定在一块木板上，当时罗伯斯庇尔的下巴已经碎了，甚为可怕。

法国大革命最直接的原因是三级会议的召开——这是一种带有中世纪色彩的国家性会议，代表着贵族、神职人员和第三等级（除上述两个等级之外的所有成员），大家共商财政大计。美国独立战争摧毁了这种体制——在这场战争中，法国起到了决定性作用，帮助英国的北美殖民地摆脱了枷锁。大革命的深层原因则包括大量免税特权阶层对君主专制政体的抵制。由于三级会议反抗的加剧，王权逐渐被削弱。正如极端主义者领导人马克西米连·罗伯斯庇尔所言：“人民即将登上舞台。”

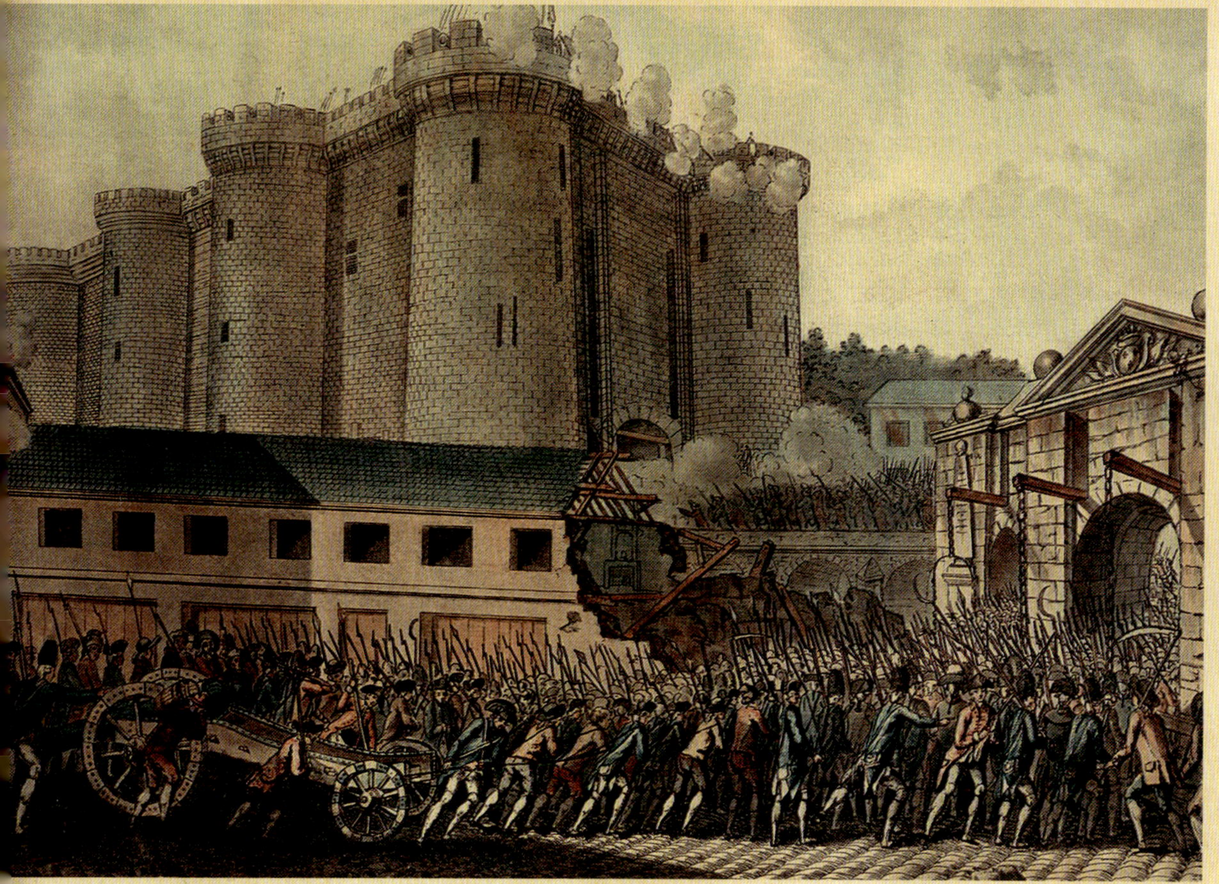

上　图：1789 年 7 月 14 日上午，愤怒的人群向巴士底狱发动猛攻。

反抗者受到激发，是因为法国在 1788 年发生了严重的农业歉收，随后还出现了以高失业率为主要特征的经济衰退。垄断者为己谋利的谣言四起，使得粮食短缺的现象越发严重。第三等级在会议记录上罗列了种种不满，并在此基础上制订了行动计划，其中除了其他事项之外，还特别反映出城市中产阶层希望能够与特权阶层实现平等，农民阶层希望能够摆脱过去封建制度下的各种束缚。三级会议于 1789 年 5 月 5 日召开。6 月 17 日，会议裁定各个等级自行开会并进行投票，于是第三等级宣布自行建立国民议会，许多贵族和神职人员加入其中。夸张的谣言四起，大量人群聚集在首都巴黎，他们纷纷拿起武器保护自己，对抗路易十六企图发动的军事政变。7 月 14 日一早，他们在巴黎荣军院发现了一些武器，接着向巴士底狱前进。巴士底狱位于巴黎东部，是一座要塞，同时也是国家监狱。在进行了短暂的防御战之后，巴士底狱被攻陷。

三天之后，路易十六前往市政厅，接受了由红、白、蓝三色组成的新式国徽。但是，10 月 6 日，暴动者攻占了凡尔赛宫，将他带回巴黎。国民议会 8 月 26 日通过的《人权宣言》申明，人类拥有自由与平等，主权掌握在人民手中。此后，教堂的土地被变卖，纸币得到发行，立法议会讨论进行大规模改革。旧的体制被彻底废弃，实权掌控在雅各宾派和科尔德利等政治集团的手中。1791 年 8 月，路易十六和王后企图逃跑未遂。尽管路易十六签署了新的国王宪法，但局势正在失控。

1791 年 8 月，奥地利和普鲁士宣称准备支援路易十六。与此同时，法国也越来越表现出战争倾向，并于次年 4 月向奥、普两国宣战。战争初期，法国节节败退，国内各省的反革命势力活动频繁，促使极端主义力量得到发展。1792 年 8 月，巴黎暴动者向杜伊勒里宫发动猛攻。普选产生的国民议会取代了此前的立法议会，并宣布建立法兰西第一共和国。但在 9 月初，暴动者屠杀了数百名囚犯，表明局势已十分动荡。1793 年 1 月，路易十六因叛国罪被处死。次月，国民议会继而对英国和荷兰宣战。

新的行政机构——公共安全委员会得到国民议会的支持。在国民议会中，温和派被清洗，左翼多数派占据主导地位，被

马克西米连·罗伯斯庇尔
（1758—1794 年）

罗伯斯庇尔是来自阿拉斯的一名律师，于1789年入选三级会议。他的演说富有感染力，并自诩清正廉洁，从而获得了巨大的影响力。这种影响力不仅体现在国民会议，还包括在巴黎的暴动者之中。1794年初夏，罗伯斯庇尔已经清除了他的竞争对手（包括丹敦），成为法国最有权势的人物。但到了当年7月，大量的处决行动使国民议会为之恐惧，转而反对罗伯斯庇尔。7月27日，罗伯斯庇尔被捕，当时他的下巴已经被子弹击碎，可能是自杀未遂造成的。他在第二天被送上断头台。

称为“山岳派”。在恐怖的氛围中，玛丽·安托瓦内特王后、反革命分子、失败的将军和革命者纷纷被送上了断头台。革命人士卡米尔·德穆兰嘲讽称上帝渴了，但是他自己却在 1794 年春因两个敌对派系之间的争斗而被送上断头台。从 6 月 10 日到 7 月 27 日，约有 1376 名囚犯在巴黎被处决，这使得政客们整日惴惴不安，唯恐自己也会被吞噬：7 月 28—29 日（共和历热月 10—11 日），罗伯斯庇尔和他的雅各宾追随者、最严重极端主义的始作俑者也被处决。1795 年 5 月，军队支持国民议会打击暴动者，“热月政变”的成果得到了巩固，公民投票批准了新宪法。10 月 5 日（葡月 13 日），暴动者再度向国民议会发动进攻，但是被军队驱散。我们即将在著作中介绍的人物——年轻的准将拿破仑·波拿巴下令使用火炮“施放霰弹”，将暴动者驱散。此时，新的行政机构——督政府与温和的国民议会合作，使法国首次获得了 6 年的稳定期。

左图：这幅匿名画作《冲向凡尔赛宫》，描绘的是 1789 年 10 月 5 日，一群下层妇女——卖鱼妇和女售货员冲向凡尔赛宫的情景。经过一天的紧张战斗，革命者控制了王室家族，返回巴黎。

路易十六（1754—1793 年）

路易十六是路易十五的长子——法国皇太子的三儿子。他的父亲和两位兄长均先于他离世。1774年路易十六即位时，法国正面临着严重的经济困难，而卷入美国独立战争更使法国经济雪上加霜。路易十六最初受到民众的欢迎，但他的妻子、出生于奥地利的玛丽·安托瓦内特并不为公众接受。路易十六无力在改革与复古之间保持稳步前进。他表面上支持法国大革命，却企图逃离法国，最终于1793年1月21日被送上断头台。

上图：路易十六被处决的地点，是今天的巴黎协和广场所在地。断头台在1792 年首次使用，因其具有处置快速、痛苦小和象征公正性的特点，在法国大革命中受到司法部门的欢迎。图中行刑台上的几个人身着正装，这与当时公共行刑官查尔斯·亨利·桑松和他的助手们衣衫破旧的形象相距甚远。

左图：1783 年，伊莉莎白·维杰·勒布伦为玛丽·安托瓦内特创作的肖像画，描绘了主人公为人所熟知的华美服饰和发型。王后几乎不考虑自己作为公众人物的要求，肆意与朝臣调情，并且无知地卷入了1785 年的“钻石项链事件”，名声受到极大损害。

右图：《施放霰弹》。1795 年10 月5 日，拿破仑动用火炮驱散了聚集在圣罗奇教堂外的暴动者。

拿破仑时代（1797—1815年）

大英帝国（与汉诺威王国联盟）
神圣罗马王国
法兰西帝国
拿破仑家族统治的王国及其他附属国

建立声望

1769年8月15日，莱蒂希亚·波拿巴匆匆赶往位于科西嘉首府阿雅克肖的家中。她即将产下一名男婴，取名为拿破仑。

拿破仑·波拿巴的父亲卡洛·马利亚（当时他称自己为查尔斯）是一位律师，曾为支持保利的科西嘉民族主义者。但是，当这些民族主义者在当年早些时候被法国人击败后，卡洛·马利亚又与统治当局建立起了良好的关系，并担任市议员。他利用自己在低阶贵族中的地位，确保得以支撑起能够繁荣发展的家族。1779年，拿破仑（此书中我们将以此来称呼他）进入布里埃纳皇家学校（位于香巴尼）学习，并获得了奖学金。

不过，拿破仑在学校里过得并不愉快。

他身材矮小，法语也说不好，因此常常受欺负。然而他并没有屈服。有一次，一名长官让他跪着吃饭，他机敏地回答道："在家里，我们只在上帝面前下跪！"他的成绩报告单可谓喜忧参半。大多数成绩能够表现出他的学业成就，特别是数学，但也能反映出他"飞扬跋扈、倔强固执的性格"。1784年10月，15岁的拿破仑转至巴黎军官学校学习。他的队列和德语可谓无可救药，但在数学方面再度取得优异成绩。当拿破仑于1785年被编入炮兵部队服役时，他在56名学员中排名第42位。

他寡言少语，不爱交际，变化无常，桀骜不驯，极度自我……他极度骄傲，野心勃勃，渴望拥有一切。这个年轻人值得投以关注和帮助。

——路易斯·蒙日（1752—1826）为军校学员拿破仑·波拿巴所作的鉴定报告

拿破仑驻瓦朗斯期间，将大量时间用于自学。1787年，他获得了长假，借此解决家庭事务——他的父亲去世了。直至1788年，拿破仑才返回他所属的作战团，此时该团已调至奥克松。在这里，拿破仑左图：1793年土伦围攻战中的拿破仑（图中显著位置使用望远镜者）。反法联盟的一支部队为土伦叛乱者提供支援，但法军攻击部队逐步取得进展，迫使反法联盟军队撤军。然而，船坞的许多地方，包括至关重要的木料仓，均遭到毁坏。

右图：一位不知名的同伴绘制的素描画，描绘了拿破仑在1785年16岁时的模样。

深受富有才干的炮兵学校校长巴伦·杜特的影响。杜特不仅发掘了拿破仑在火炮操作方面的技能，还帮助他建立了战术概念基础，以至于拿破仑日后将这种战术概念发挥出显著的作用。不过，拿破仑经济拮据，1788年时还长期患病。

1789年8月，拿破仑获得了6个月的假期。他刚刚返回科西嘉，就立即投身于革命洪流之中。他先是请求国民议会帮助对付保王党当局，随后尽力争取获得了当时科西嘉岛新政府的首脑——保利的支持。1791年初，拿破仑返回团驻地奥克松。当时有一项指令，准许军官在不放弃正规军岗位的同时，寻求参加新招募的志愿兵作战营的选拔。拿破仑利用这项指令，于1792年4月1日被任命为阿雅克肖志愿兵部队中校。不过，他在帮助镇压当地暴乱的过程中表现得过于卖力，反倒招致了保利的不快。随后，拿破仑听说他在法国的作战团临时召集了所有军官，却将他的名字从花名册上划掉。他立刻赶赴巴黎，向杜特“告状”，杜特当着他的面对该团的这种做法大发雷霆。在确定了自己的正规军上尉和志愿兵部队中校的职位后，拿破

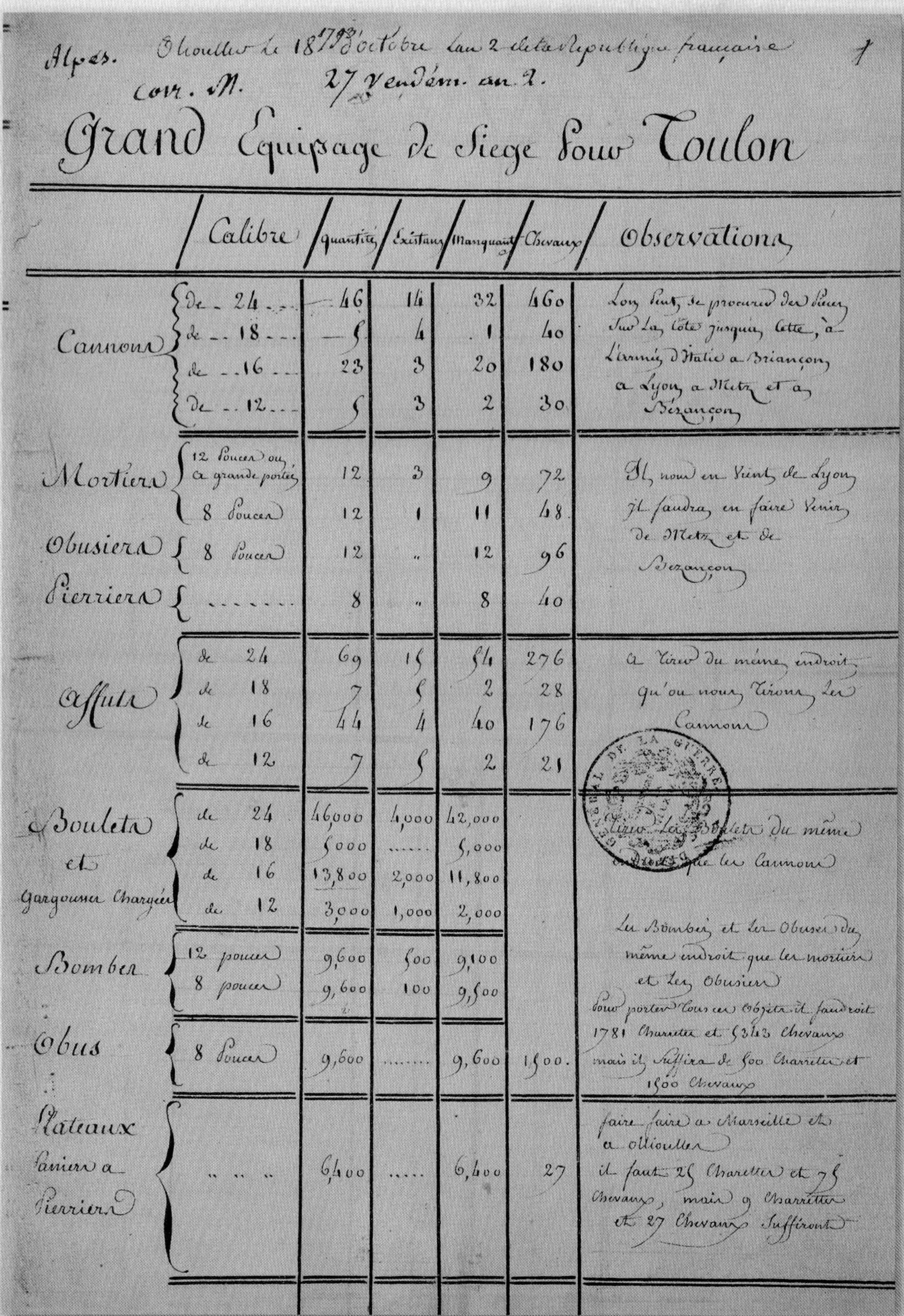

Alpes. Ollioulles le 18 8bre 1793 octobre l'an 2 de la République française 1

corr. M. 27 Vendém. an 2.

Grand Équipage de Siège pour Toulon

	Calibre	quantités	Existans	Manquant	Chevaux	Observations
Cannons	De 24	46	14	32	460	L'on peut se procurer des pièces sur la côte jusqu'à Cette, à l'armée d'Italie à Briançon, à Lyon à Metz et à Bezançon
	de 18	5	4	1	40	
	de 16	23	3	20	180	
	De 12	5	3	2	30	
Mortiers	12 Pouces ou à grande portée	12	3	9	72	Il nous en vient de Lyon il faudra en faire venir de Metz et de Bezançon
	8 Pouces	12	1	11	48	
Obusiers	8 Pouces	12	..	12	96	
Pierriers	....	8	..	8	40	
Affuts	de 24	69	15	54	276	à tirer du même endroit qu'on nous tirons les Cannons
	de 18	7	5	2	28	
	de 16	44	4	40	176	
	de 12	7	5	2	21	
Boulets et Gargousses Chargées	de 24	46,000	4,000	42,000		tirer les Boulets du même endroit que les Cannons
	de 18	5000	......	5,000		
	de 16	13,800	2,000	11,800		
	de 12	3,000	1,000	2,000		
Bombes	12 pouces	9,600	500	9,100		Les Bombes et les Obuses du même endroit que les mortiers et les Obusiers
	8 pouces	9,600	100	9,500		Pour porter tous ces Objets il faudroit 1781 Charrettes et 5343 Chevaux
Obus	8 Pouces	9,600	....	9,600	1500.	mais il suffira de 500 Charrettes et 1500 Chevaux
Plateaux Paniers à Pierriers	.. .. ..	6,400	.....	6,400	27	faire faire à Marseille et à Ollioulles il faut 25 Charrettes et 75 Chevaux, mais 9 Charrettes et 27 Chevaux suffiront

仑随即返回科西嘉。

1793年初，拿破仑在撒丁岛经受了战火的洗礼，他从科西嘉发动的远征行动令人汗颜地被击退。更糟糕的是，此时他在科西嘉显然已经不受欢迎。1793年6月，他举家迁至法国，并且恢复了自己的职位。正当拿破仑在集结火药运输车队的时候，保王党人在米迪发动叛乱。拿破仑帮助镇压了此次叛乱。动荡的局势一直蔓延到土伦，一支英国—西班牙联合舰队进驻该港。卡尔托将军下属的炮兵指挥官负伤，拿破仑接替了这一职位，并以旺盛的精力和完美的专业技能成为土伦围城战的英雄——这场围城战于12月19日以法军的胜利而告终。三天之后，拿破仑被临时晋升为准将，并于1794年2月得到批准。

拿破仑受命指挥意大利军团炮兵部队。在热月政变后，拿破仑因为作为罗伯斯庇尔兄弟的朋友，以及为推动雅各宾派而创作了一部戏剧，于8月被监禁。他在两个星期后获释，并在当年，为在意大利战役中取得令人满意的结果做出了努力。不料，拿破仑却被分流到某个次要的指挥岗位，不由得愤而辞职。军事形势的逆转使得拿破仑得以迅速官复原职，但此后他再度被军队解职。葡月13日（1795年10月5日），督政府成员保罗·巴拉斯将严格意义上已属于平民的拿破仑重新召来，保护国民议会应对叛乱。拿破仑炮击巴黎暴动者，通过“施放霰弹”有效遏制了叛乱。拿破仑在当天的行动具有非同一般的决定性意义：此次行动结束后，他获得的政治支持已经可以和其军事声誉相媲美。

左图：拿破仑在这幅精心编撰的图表中列出了围攻土伦所需要的加农炮、榴弹炮和迫击炮数量，以及各种炮兵和工程兵装备。这是他作为训练有素的正规军军官完成的一项专业化工作成果。

保罗·巴拉斯
（1755—1829年）

巴拉斯，子爵，曾是一名步兵军官，后来成为雅各宾俱乐部成员，1793年在法国国民议会投票赞成处决国王。他推动了罗伯斯庇尔的垮台，此后继续坚决反对保王党人和雅各宾派，并于1795年召回拿破仑·波拿巴处置暴乱。巴拉斯是督政府成员，但他奢侈享乐的做派（他的情妇包括拿破仑未来的妻子约瑟芬）使之不得人心。在1799年11月的雾月政变中，巴拉斯轻而易举地被罢免了职务。

右图：《儿时决定未来？》——这幅彩色版画描绘的是拿破仑在军校若有所思的样子。画中的拿破仑正在草拟围城战计划。齐头并进的部队以及传统围城战术使用的弯弯曲曲的坑道，正在迫近要塞（草图右上端）。

炮兵

拿破仑本人就是一位训练有素的炮手。他认定："大规模战役要依靠炮兵去打赢。"拿破仑特别重视火炮的运用，尤其是被他称为"漂亮姑娘"的12磅炮。他往往会集中大量的12磅炮，打击敌军阵地的要害部位。

与其他兵种相比，拿破仑继承的炮兵在法国大革命之后的大清洗和移民潮中受到的影响相对较少。在18世纪60年代和70年代，法军炮兵部队按照让—巴普蒂斯特·瓦盖特·德·格里博瓦设计的体系进行了重组，对4磅、8磅和12磅火炮以及6英寸榴弹炮、炮架、弹药车和工具进行标准化设计。格里博瓦用升降螺丝取代楔子，精确制造炮管和弹药，确保炮弹紧密契合，从而在不影响射程的情况下减少发射装药量（以及炮管重量）。攻城火炮的重量更重，这是因为炮弹必须能够穿透当时要塞特有的蹲伏壁垒。迫击炮的爆炸弹头以高射角发射，主要用于围城战。

> 霰弹和炮弹像冰雹一样倾泻而下，这真是恶魔般地令人恼火……一发炮弹在第15轻骑兵团的纵队中间爆炸。我看见一柄军刀和刀鞘从队列中飞出……在我右侧不远处，一发炮弹击中了一名士兵的胸部，将他炸得粉身碎骨。
>
> ——英军列兵威廉·惠勒

4磅炮作为团级部队列装装备，配属于法军步兵。1804—1805年，作为"十三年武器系统改革计划"装备更换的一项内容，拿破仑用缴获的6磅炮替代了4磅炮。但这些6磅炮过于笨重，导致作战团的炮兵部队基本被弃用。这些火炮在1809年再度配属部队。但在法军从莫斯科的撤退过程中，各团炮兵部队的装备几乎损失殆尽，再也没能得到更换。根据"十三年武器系统改革计划"，法军还增加了12磅炮的比重，并且装备了24磅榴弹炮。到了1813年，拿破仑努力争取在法军部队中达到每1000人配备5门各类

让－巴普蒂斯特·瓦盖特·德·格里博瓦
（1715—1789 年）

格里博瓦于1732年参加炮兵部队，在七年战争期间配属于奥地利军队，获得了宝贵的经验。1765年，他开始对法军炮兵部队进行重组，于1776年担任炮兵总监。格里博瓦努力提高炮兵部队的薪水、条件和训练水平，并为法国大革命以及法兰西帝国军队留下了一批杰出的炮兵指挥官，其中就包括拿破仑·波拿巴。

火炮的比例，但这个目标却从未能够实现。

炮兵分遣队的组成各异，其中 12 磅炮配属 8 名训练有素的炮手和 7 名助手，6 磅炮则分别配属 6 名炮手和 4 名助手。在火炮装填弹药的过程中，炮管需擦拭干净，将前一次装弹后阴燃的残余物清除干净。内装黑火药的弹药筒被塞入炮口压实，随后装入射弹。弹药筒与射弹常常结合在一起，形成“整装式弹药”。炮兵分遣队队员用针刺入点火孔，穿透弹药筒，插入优质火药发射管。随后，火炮进行瞄准，使用点火孔上的点火装置开火——点火装置是短柄上的一截发烟燃烧的导火索。后坐力使火炮猛然后退，分遣队队员使用手杆和绳索将火炮拉回原位，然后继续开炮。12 磅炮的射速约为每分钟 1 炮，其他较轻型火炮的射速可达每分钟 2—3 炮。

拿破仑时代的加农炮可以发射 4 种类型的射弹。最常用的是铁质实心弹——其重量决定了炮弹的本质特征。12 磅炮的炮弹直径为 11.7 厘米（4.6 英寸），最大射程约为 1650 米（1800 码）。霰弹筒或者榴霰弹是在锡质容器内装有大量的弹丸，在加农炮炮口爆炸：12 磅炮轻型霰弹筒内含 112 个弹丸，重型霰弹筒内含 46 个大型弹丸。12 磅炮的重型霰弹筒射程可达 550 米（600 码）。榴弹炮更青睐的射弹是普通炮弹，这是一种装有火药的“铁球”，通过导火索点火。导火索并不是十分安全，越过本方部队上空发射将非常危险；炮弹常常被炸成若干个大型碎片，从而限制了杀伤力。英军有一种炮弹被称为开花弹或者“球壳”，内含火枪子弹和炸药，设计在目标上空爆炸。燃烧弹同样由榴弹炮发

NAPOLEO
ET
MARIE LOU
LA FONDI

左图：拿破仑与皇后玛丽·路易丝视察列日铸造厂。尽管拿破仑密切关注火炮铸造，但在1812年之后，由于战场上的巨大损耗，火炮制造难以保证足够的供应和补充。

上图：1814年2月18日，在蒙特罗战役中，近卫军炮兵部队的抵达使战场的火力对比朝着有利于法军的方向倾斜。拿破仑亲自率领炮兵部队向前挺进，登上占领的一座山脊，可以俯瞰敌军阵地。拿破仑让人记忆最深刻的举动是，他亲自下马架设火炮。

射，点火后形成照明，或者将可燃目标点燃。

步兵炮兵的炮手与马车牵引的火炮同步行进，并且伴随着步兵阵型，每天行军距离可能达到15–25公里（10–15英里），在紧急情况下行进距离会更长。骑兵炮兵跟随骑兵部队，炮手们搭乘弹药车的前车或者骑马，以保持行进速度。拿破仑的炮兵部队虽然基本上不能独自决定战局，但曾多次通过集中火力对敌军步兵施以强烈震撼，使其无法抵抗法军的突击。

这就是拿破仑对于他的最后一战——滑铁卢战役的计划。假使当时的地面足够坚硬，使他能够更早地将强大的炮兵力量——84门12磅炮投入战斗，当天的时运或许会完全不同。

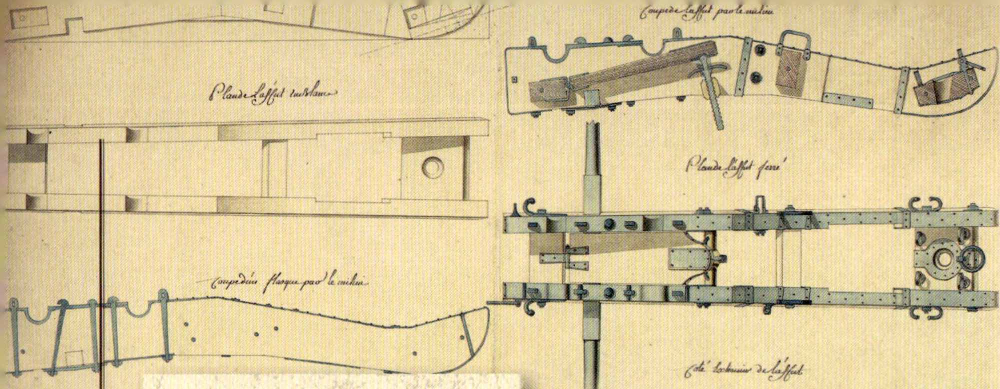

背景与下图：“格里博瓦”式12磅野战炮。

左图：法军第2骑兵团一名卡宾枪手的胸甲，在滑铁卢战役中被英军加农炮弹击穿，显示出火炮在打击骑兵冲锋方面的强大杀伤力。

右图：1808年12月，拿破仑敦促他的炮手们在恶劣的气候条件下以超人的毅力继续前进，穿过瓜达拉马山口。他企图对正在撤往科伦纳的约翰·摩尔实施包围，但未能取得成功。

亚历山大·安托万·于里奥·德·瑟纳蒙（1769—1810年）

瑟纳蒙于1785年参军服役，后投身于法国大革命。1800年，他率领炮兵部队翻越阿尔卑斯山，并在马伦戈战役中表现出色。1807年，已成为准将的瑟纳蒙在弗里德兰战役中一举扬名。当时，他指挥维克多作战军的炮兵部队，对俄军步兵部队实施近距离打击，在25分钟之内就炸死俄军约4000人。瑟纳蒙被册封为男爵，晋升为少将，但于1810年在加的斯围城战中阵亡。

意大利战役

葡月政变之后，拿破仑晋升为少将，并被任命为卫戍部队司令。但他真正的兴趣在意大利。

法军与奥军在意大利进行着激烈的争夺。拿破仑一再抨击舍雷尔在意大利的作战行动，促使督政府于1796年3月让拿破仑接替舍雷尔，担任法军意大利军团指挥官。拉扎尔·卡诺原本是工程兵军官和数学家，后来成为法兰西共和国政治家和战略家。根据他此前制订的战略计划，法国正面临众多对手的攻击，因此必须将战争引入敌方的领土。卡诺计划动用5个野战军团，在德意志南部和意大利北部进行协同作战。

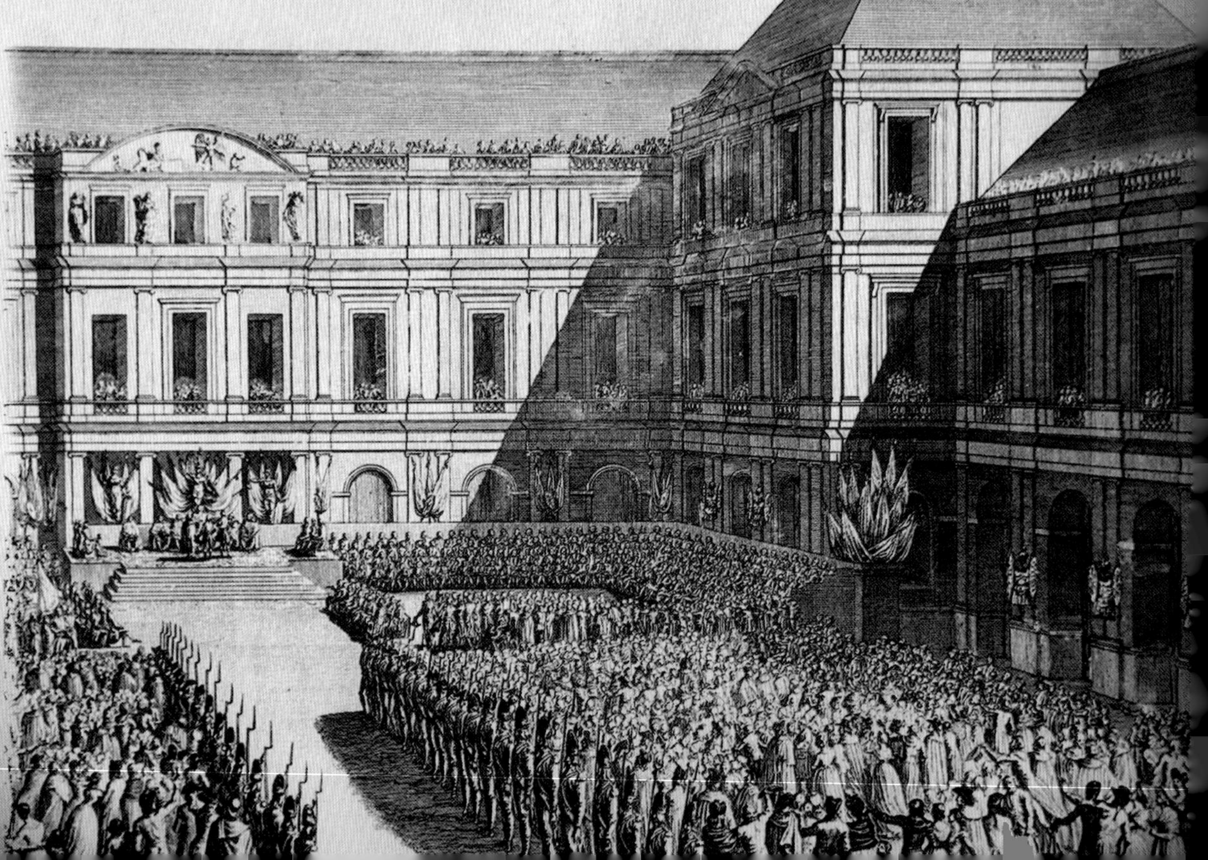

3 月下旬，拿破仑抵达尼斯，开始指挥意大利军团——这支实际员额仅有 3.7 万人的残破之师，当年他只有 26 岁。意大利军团的一些高级军官认为拿破仑来此任职是出于政治原因，认为他近期与保罗·巴拉斯曾经的情妇约瑟芬·博阿尔内的结合是出于某种阴谋。拿破仑立即打消了他们的这种错误看法。他率部向前出击，于 4 月 12 日在蒙特诺特击败奥军，但当月月中进行的激战并未能决定战局。拿破仑于是重整队伍，于 4 月 21 日从皮埃蒙特人手中夺取了储量充足的蒙多伊弹药库，迫使皮埃蒙特人寻求停战，从而使拿破仑可以腾出手来对付奥军。

左图：1797 年 10 月，在《坎波福米奥条约》正式生效后，拿破仑受到了赞誉。根据条约，奥地利退出战争，将伦巴第交由法国控制。法国在莱茵河的地位得到了加强，而奥地利获得了威尼斯共和国的大片领土。

右图：这幅当代版画展现的是拿破仑担任意大利军团总司令的形象。请注意图中拿破仑的名字使用的是意大利语拼写方式。

de Hongrie et de Boheme, et la
République françoise, dans l'espace
de trente jours à dater d'aujourd'hui
ou plutôt si faire se peut, et les actes
de ratification en due forme seront
échangés à Rastadt.
Fait et signé à Campo Formio près
d'Udine le dix sept Octobre mil sept
cent quatre vingt dix sept, (vingt-six
Vendémiaire, an six de la République
françoise, une et indivisible.)

Bonaparte

左上图：安东尼·格罗的这幅画作描绘的是拿破仑在阿尔科拉桥上的形象，这幅画更具偶像派而非现实主义特征。当时的实际情况是：一名法军军官对拿破仑说："如果您倒下了，那么我们都得完蛋……这不是您待的地方。"他将拿破仑强行推至河中相对安全的地方。

右上图：经签署密封的《坎波福米奥条约》原稿。拿破仑在原稿右侧单独用法文签名。

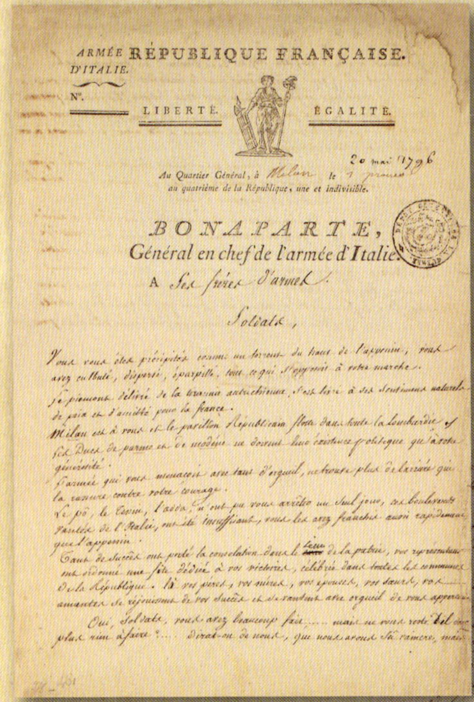

ARMÉE D'ITALIE. RÉPUBLIQUE FRANÇAISE.

N°.

LIBERTÉ. ÉGALITÉ.

20 mai 1796

Au Quartier Général, à Milan le 1 prairial an quatrième de la République, une et indivisible.

BONAPARTE,
Général en chef de l'armée d'Italie.

A ses frères d'armes

Soldats,

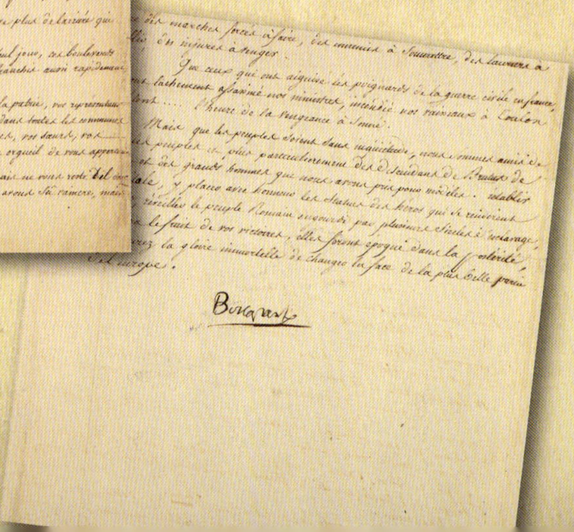

Bonaparte

上图：1796年8月5日的卡斯蒂廖内战役。拿破仑及其参谋人员占据图中的显著位置，奥军右翼部队驻守在图中央的索尔费里诺高地。拿破仑的意图是：马塞纳向奥军右侧佯攻；法军部队在奥军左侧和左后方形成压倒性优势。事实上，战局并未按照拿破仑的计划发展。马塞纳左翼的勒克莱尔部队以非凡的锐气向索尔费里诺高地发动猛攻。

下图：拿破仑在1796年5月20日从米兰发布的这份题为《手足同心》的宣言，向官兵们所取得的成就表示祝贺，并提醒他们还有更多的任务需要完成。

拿破仑派遣马塞纳和塞吕里耶将奥军的注意力吸引在瓦伦扎，然后率部渡过波河；其余人马则向东挺进，在皮亚琴察渡河。奥军指挥官博利厄对法军的推进速度感到震惊，于是率部向克雷莫纳后撤。5月10日，拿破仑在阿达河畔的洛迪追上了奥军的后卫部队。五天之后，奥军丢失了米兰。拿破仑对该城进行掠夺而获得的战利品使他首次能够给部队发饷。

拿破仑必须先对付米兰和帕维亚的暴动，随后沿加尔达湖追击博利厄，并且占领了整个伦巴第平原。不过，曼图亚的强大要塞仍在坚持，而法军在新近占领地区的交通线延伸过长，守备薄弱。

就在这个紧要关头，维尔姆泽率领奥军增援部队赶到。他收拢了博利厄的“散兵游勇”，沿加尔达湖两岸向曼图亚推进。此时拿破仑可谓是困难重重——派出去的分遣队被迫返回，与主力部队会合；交通路线被切断。他不得不撤除对曼图亚的围攻。不过，奥热罗于8月5日在卡斯蒂廖内挡住了奥军的推进，使拿破仑得以集中兵力，打败了维尔姆泽的主力部队。随后，拿破仑再度围攻曼图亚，并以此次战役中颇具特色的闪电速度实施机动，成功地打败了维尔姆泽，将其困在曼图亚。当年11月，奥军再投入2个军团，在德·阿尔文茨和达维多维奇的率领下发动两路进攻。此时拿破仑正处于力量的巅峰期，他急速绕至德·阿尔文茨的侧翼，确保阿尔科拉的阿迪杰河上的关键性桥梁万无一失，并在11月15—17日三天的战斗中赢得了胜利，将奥军的第三次反攻击退。

适时得到增援的德·阿尔文茨卷土重来，但于1797年1月14日在里沃利被打败。2月2日，曼图亚投降。此时与拿破仑对垒的是查尔斯大公爵率领的生力军。拿破仑已经进至塞默灵山口——他的前卫部队可以从那里看到维也纳的尖塔。4月，法奥同意停战。尽管拿破仑的战役实施并非十全十美，但他非常善于在关键时刻集中兵力。他以超乎寻常的勇气、旺盛的精力和富有感染力的语言，赢得了官兵的爱戴。这是一个非常好的开端。

右上图：位于阿尔科拉以西的固定桥是这场战斗的焦点。不过，安德列奥西的工兵部队在阿尔巴雷多附近的阿迪杰河上建造的这座浮桥，使奥热罗得以过河，将奥军赶出阿尔科拉。在图左侧的烟雾中，阿尔科拉的建筑物隐约可见。

安德烈·马塞纳（1756—1817年）

马塞纳原本是一名船舱服务员，后来加入法国步兵部队。他曾于1789年退役，此后再度入伍，并且迅速获得晋升，于1793年成为少将。马塞纳对于法军在意大利战役大捷发挥了主要作用，并于1799年在苏黎世战役中重创苏沃洛夫，在1800年负责守卫热那亚。他于1804年成为元帅，在1807年负责指挥拿破仑大军的右翼部队，于1808年被册封为里沃利公爵。1809年，马塞纳因其坚韧不拔的品格而被封为埃斯林亲王。然而，自从1810年在托里什·韦德拉什防线被英军击退后，他再未被赋予重要的指挥职责。

步 兵

在拿破仑的军队中，步兵人数最多。他们艰苦跋涉，晴雨无阻，常常以步枪火力或是刺刀白刃战解决战斗。

大多数法军步兵配备1777式或者1793式燧发枪。根据21步操练动作教练，战士在装填弹药时，需要咬开纸包弹药，将圆形铅弹含在嘴里。随后，他将一些火药缓缓倒入发火装置，并合上顶部的钢制锁头。然后他将剩余的火药倒入枪口，拍击顶部的弹丸，将其作为填塞物塞入弹药仓。战士们在射击时，将燧发枪顶在肩上，并用拇指拉回枪栓。当他扣压扳机时，枪机急速向前冲击：夹在钳口上的燧石重重地打在钢面上，冒出的火星点燃弹丸中的火药，穿过点火孔，使武器开火发射。

但有些时候，燧石并不会冒出火星，或是点火孔被残留物阻塞。此时官兵们不得不更换燧石，用交叉背带或是纽扣的针扣疏通点火孔。在暴雨天气，弹药仓会被浸湿：例如在1813年的卡茨巴赫战役中，雨水导左图：步兵部队的一位上校（右）和一名营长身着1812式军服。从他们的军靴和靴刺可以看出，这两名军官在部队中均配有坐骑。

下图：在1814年2月11日的蒙米拉伊战役中，老近卫军的6个营发动进攻，为法军的胜利发挥了决定性作用：在画作中，各营排成直线组成的纵队，给人们留下了深刻印象。

致四分之三的燧发枪无法开火。训练有素的士兵1分钟可以开3枪，但对于排列成直线的步兵部队而言，射击速率将降至3分钟开4枪。燧发枪能够有效打击距离100米（110码）的大型目标，也能够对距离200米（220码）的目标构成威胁：枪弹的射程可以达到500米（550码），但这个距离基本上不具备杀伤力。来福枪的枪管有螺旋式沟槽，射程更远，精度更高，但射速更慢，往往为散兵配备。

1789年，法军的101个步兵团按照皇室或者地区命名。在法国大革命之后，这些步兵团按照番号命名。1793年，法军取消了团级建制，将部队改编为198个“半旅”，每个半旅下辖3个营，其中1个营来自于老部队，另外2个营由志愿兵组成。到了1803年，法军再度以“团”取代“半旅”——部队共编为90个战列步兵团和27个轻型步兵团。到了1813年1月，法军共编有169个步兵团，其中133个为战列步兵团，其余都是轻型步兵团。尽管轻型步兵团特别注重散兵作战，但是与战列步兵团在实战中的差别已经消除。各团具体编制不同，

上图：这幅朦胧画名为《向前靠拢》。画家丹尼斯·拉菲特的父亲曾经参加过拿破仑战争。画中显示的是一名中士老兵敦促年轻的战友们面对战火保持镇定。这名老兵袖口上的斜纹显示出他的军衔，上臂的V形臂章表明他军龄较长，他还佩戴着荣誉军团勋章。

右图：在西蒙·福特的画作中，法军于1807年2月7日向埃劳公墓发动进攻。画作显示，大部分法军步兵部队呈纵队排列；在图的中左方，约有2个团的部队排列成直线。

但均由上校担任团长，下辖2—4个营，由营长指挥。一般来说，每个营有6个“中心连”和2个“精英连”——1个掷弹兵连和1个轻型步兵连（散兵连）。掷弹兵往往是身材最魁梧、作战最勇敢的战士，能够作为攻击行动的尖刀，或是在部队向前推进时安排在整个阵型的最后端，为胆怯者打气。轻型步兵配备有最优秀的射手，常常在步兵营的前方实施散兵作战，利用掩蔽物独立开火射击。各连理论上编有120人，由上尉担任连长，并辅以1名中尉和1名少尉。1个旅由2—4个团组成。1个步兵师由2个或者2个以上的作战旅组成，并且常常编入1个炮兵连。根据1808年的法军组织体系，1个营编有834人，并辅以1个小规模参谋机构。但在实战中，1个作战营在战役初期的野战兵力通常为600人左右，随着战役进展，员额还将减少。例如在1811年的葡萄牙战役中，马塞纳所部各营平均员额为350人左右。

法军步兵根据《1791年步兵训练与机动条例》组织训练，强调操练动作的整齐划一。18世纪的理论家曾经对于部队横列和纵列部署的优劣进行争论，认为横列能够最大限度地发挥火力，纵列能够使部队最为迅速敏捷地进行越野行进，并且通过对敌造成生理和心理震撼，达到突破敌军防线的最佳效果。

但在18世纪90年代，由于许多军官移居国外，加之大量训练不足的志愿兵进入部队，使得法军基本没有可能按照训练手册施训，但却表现出呈纵队向前推进的自然倾向——先以成群的散兵通过开枪射击袭扰敌军，使纵队能够进行刺刀白刃战。此后，各种形式的混合序列（部分部队排成横列，部分部队排成纵列）得到了广泛

应用。如果说英军总是以横列作战，法军总是以纵列作战，这并不符合事实，尽管英军的两行纵深横队阵型（相比之下，其他国家军队大多采用三行纵深横队阵型）可以最大限度地发挥人员数量优势。威灵顿特别倾向于将排成横列的部队隐蔽在山顶或者山脊，使得实施攻击的法军纵队在几乎没有得到任何警告的情况下遭到英军远程精确火力的打击。

一位法军上校告诉法国作家司汤达，他的作战团在 3 年时间里先后补充了 3.6 万人，因此很难在短时间里打造足够数量、训练有素的军官和士官。拿破仑曾在 1811 年抱怨称，他发现有 1 名中士的服役时间还不足 1 年，19 名下士服役时间不到 2 年。他写下手谕：“我再重申——服役期不满 3 年者不得任命为士官。”1812 年被派到俄国战场的一些步兵不懂得“利用地形起伏实施小规模作战的方式和时机，只知道机械地移动”。在标准降低的情况下，将

上图：1795 年左右的第 1 轻步兵团士兵的形象。在法国大革命之后，法军正规军官兵身着白色军服，志愿兵身着蓝色军服。（将新兵比作“蓝衣”，正是源于这一时期。）但到了 1793 年，蓝色军服已成为标准配置。黑色新月形军帽是当时法国陆军的特色：直到 1804—1808 年才逐渐被筒状有檐军帽取代。

军们的应对之举常常是将部队部署成巨型纵队，最大限度地实现部队的可控性和内聚力。1814 年，一位将军“只有在军官们和队列指挥员让部队保持队形的情况下，才能让部队整体移动”。

上图：1811 年 3 月 5 日，一支英国、法国和葡萄牙联合部队向围攻加的斯的法军部队发动进攻。联合部队在这场战斗中取得了胜利。勒热纳男爵充满激情的画作，显示了英军步兵部队在作战中以两行纵深横队阵型对抗法军密集阵型的场景。

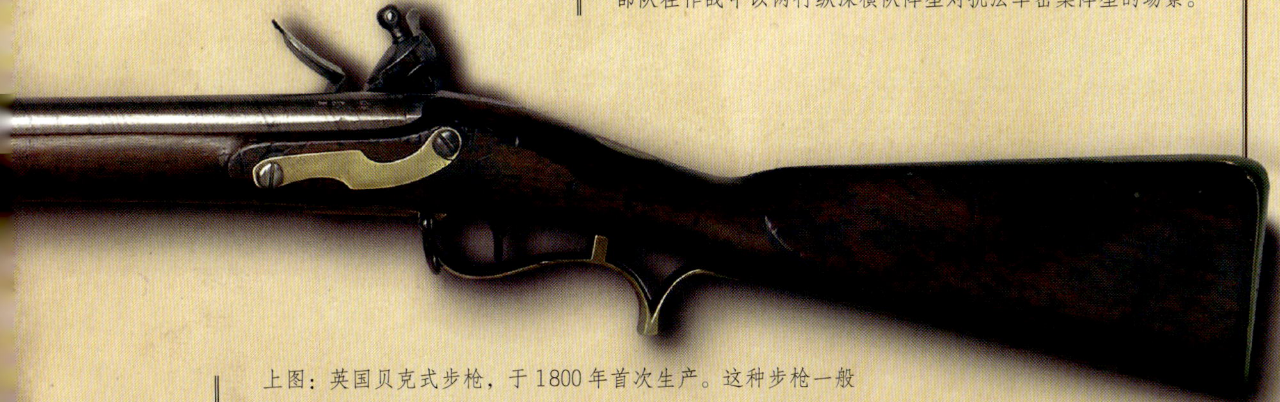

上图：英国贝克式步枪，于 1800 年首次生产。这种步枪一般由少数狙击兵部队用于远程突袭，例如威灵顿自 1808 年开始指挥著名的第 95 步枪团。贝克式步枪的精度比标准版滑膛枪更高，但装填弹药需要的时间更长。

埃及与叙利亚战役

拿破仑在稳固了对意大利的控制后，将注意力转向地中海和埃及，希望通过战争手段扼杀英国的东方贸易。

1797年，拿破仑控制了意大利北部，并于当年10月在坎波福米奥与奥地利达成合约之后返回法国。他在巴黎被奉为名人。令拿破仑欣喜的是，他还当选为法兰西学院院士——法兰西学院作为一个学术机构，由5个学术院组成，包括法兰西文学院。尽管他瞧不起那些督政官，但还是与他们在主要问题上达成了共识。鉴于英国首相小威廉·皮特正在寻求组建新的反法联盟，法国督政府迫切希望杀一杀英国的锐气。拿破仑表示赞同：英国人"诡计多端，活动频繁"，如果将他们消灭，"欧

左图：布律埃斯中将的旗舰“东方”号爆炸，使尼罗河战役达到高潮。该舰在着火前英勇作战，并重创了英国皇家海军“柏勒洛丰”号军舰。

下图：1799年2月2日，法军部队在穿越上埃及的行进过程中停下脚步。大多数官兵忙于日常任务，例如修理装备或是钉马掌，但也有一些官兵在古遗址上涂鸦。

洲就将被我们踩在脚下”。1798年年初，拿破仑被任命为征英部队指挥官，但他认定如果不能掌握制海权，将无法侵入英国。拿破仑确信，占领埃及具有决定性的意义，将使法国能够入侵印度，或者切断英国所依赖的贸易。不过，如何与英国皇家海军进行对抗，以实现上述目标，这个问题始终未能得到充分的解答。

就在法国远征部队即将准备出发的时候，法奥关系恶化，拿破仑向督政官施压，让他对奥地利施加比过去更为苛刻的条件。督政官们相互推诿。于是拿破仑动身前往土伦，于5月9日登上布律埃斯中将的旗舰“东方”号出海——这是他的一支分舰队，当时法军舰队拥有300多艘舰船，配属约3.7万名官兵。拿破仑在中途短暂停留，迫使马耳他投降，随后意外地避开了纳尔逊少将率领的一支英军舰队，于7月1日率部在马拉布特下船登岸。就在整整一个月之后，纳

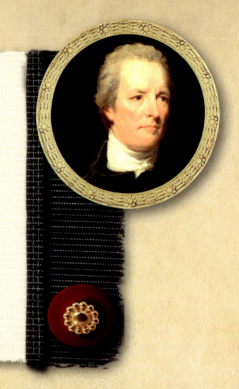

小威廉·皮特
（1759—1806 年）

小皮特是查塔姆伯爵威廉·皮特的次子，于1780年进入律师界，1781年成为议会议员，次年成为财政大臣。他在1783年下半年开始担任英国首相。在此后的20多年里，小皮特的权势几乎没有中断，他还以令人惊叹的口才和娴熟的政治权术使其自身地位得到加强。他希望英国能够避免卷入欧洲战争，但英国还是与大革命法国以及后来的法兰西帝国进行着无休止的争斗。最终，心力交瘁的小皮特在奥斯特里茨战役的阴影笼罩下去世。

尔逊返回英国时在阿布基尔湾发现了布律埃斯的舰队，并在尼罗河战役中将其消灭；此后拿破仑将不得不在交通线路遭到严重破坏的情况下进行战斗。

7 月 2 日，拿破仑的部队占领了亚历山大。随后，他开始了沙漠之行，向着尼罗河挺进，将部队带至当地社团的边界。马穆鲁克人当时正统治着理论上属于土耳其的一个省，他们派出一支分遣队前去迎战，并将其余的部队统一集中在开罗附近。7 月 10 日，拿破仑抵达尼罗河。7 月 13 日，法军与马穆鲁克的一支小型舰队发生交战，法军炸毁了对方的旗舰，赢得了胜利。7 月 21 日，双方在开罗西北部进行决定性交战——金字塔战役。穆拉德·贝伊的骑兵部队向部署成大型方阵的法军部队发起冲锋，结果在遭受严重损失后被击退。两天之后，拿破仑进入开罗。8 月 11 日，马穆鲁克的残余部队在萨拉利赫被打败。拿破仑向督政府报告称：“埃及已经在我们的控制之下；当地民众开始接受我们的统治。”

事实上，穆拉德·贝伊仍在继续战斗。土耳其对法宣战，促使开罗发动起义。在史密斯准将率领的英国海军分舰队的鼓舞下，土耳其人准备发动反攻。拿破仑从来都不会消极等待，他于 1799 年 2 月出发，穿过西奈半岛，用了 11 天的时间抵达阿里什。法军并未遭遇任何抵抗便占领了加沙，之后于 3 月 7 日向雅法发动猛攻，成

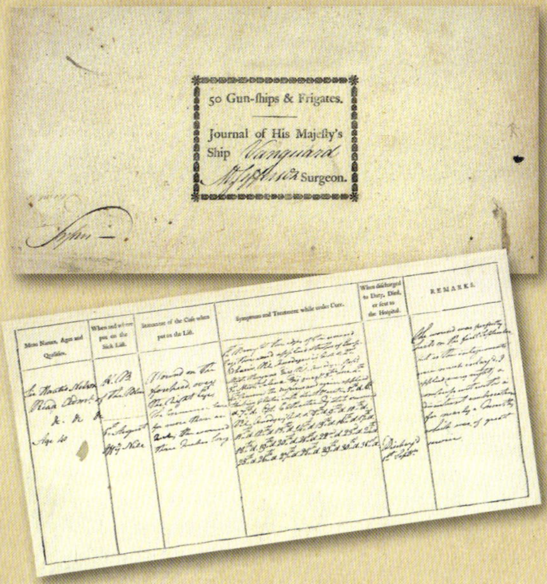

上图：纳尔逊的旗舰“先锋”号军医为他治疗头部的伤势，他是在尼罗河战役期间负的伤。

功占领该城。但法军对雅法要塞实施屠城，使他们的胜利被玷污。杰扎尔·帕夏坚守阿克，史密斯增援部队的抵达使他受到了鼓舞。克莱贝尔率法军沿内陆挺进，于4月16日在塔波尔山重创土军，但是围攻阿克的作战行动被拖延。5月，拿破仑决定后撤。7月25日，拿破仑在阿布基尔湾大败由英国皇家海军运送登陆的土耳其军队。但在此之前，法国督政府已认定埃及不再重要，因为小皮特已经组建了第二次反法联盟。8月22日，拿破仑将指挥权交给克莱贝尔，自己登船前往法国，法军剩余人员在两年之后才重返家园。

威廉·西德尼·史密斯
（1764—1840年）

1780年，史密斯因作战勇敢被晋升为海军上尉军衔，两年后成为海军上校。1792年，他在瑞典的服役期间被册封为骑士。1793年，史密斯帮助烧毁了土伦弹药库。他在1796年的一次秘密行动中被捕，但在两年后逃脱。1799年，史密斯守卫阿克，为英国派驻埃及的阿伯克隆比提供援助。他在1806年为那不勒斯人收复了卡普里岛，在1807年消灭了土耳其的一支舰队。他在1812—1815年期间担任英军地中海舰队副司令。史密斯喜好争论和自吹自擂（可能还是威尔士亲王分居妻子的情人）。他是一位勇敢的军官，并且有着外交天赋。拿破仑这样评价史密斯：“就是那个人让我失去了命运的眷顾。”

右图：拿破仑在埃及战役中使用的佩剑。这种佩剑带有东方特色，英国人称之为“马穆鲁克佩剑”，在将军、参谋人员和骑兵军官中非常流行：威灵顿在滑铁卢战役中也佩戴着类似的佩剑。

下图一：拿破仑在金字塔战役中使用的望远镜。

下图二：勒热纳关于金字塔战役的画作显示，大部分法军步兵呈方阵排列。他们刚刚击退了马穆鲁克骑兵的冲锋，后者中有许多人死在尼罗河中。图中右下侧的掷弹兵分遣队，可以从佩戴的红色羽毛和熊皮帽子进行识别。

第 50-51 页图：这幅选自法国军事档案馆的地图，展现了金字塔战役的场景。在金字塔依稀可见的地方，拿破仑将部队排列成若干个大型作战师长方形阵型。“前进！记住，那些承载着四千年历史的纪念碑正在蔑视你们！”随后，拿破仑军队向东挺进，目标是据守尼罗河畔额姆巴贝村落的穆拉德·贝伊的步兵部队。马穆鲁克骑兵从古伊萨（今天的吉萨）方向冲了过来。伊布拉西姆·贝伊的部队部署在额姆巴贝村落的河对岸，在此次战役中没有发挥任何作用。

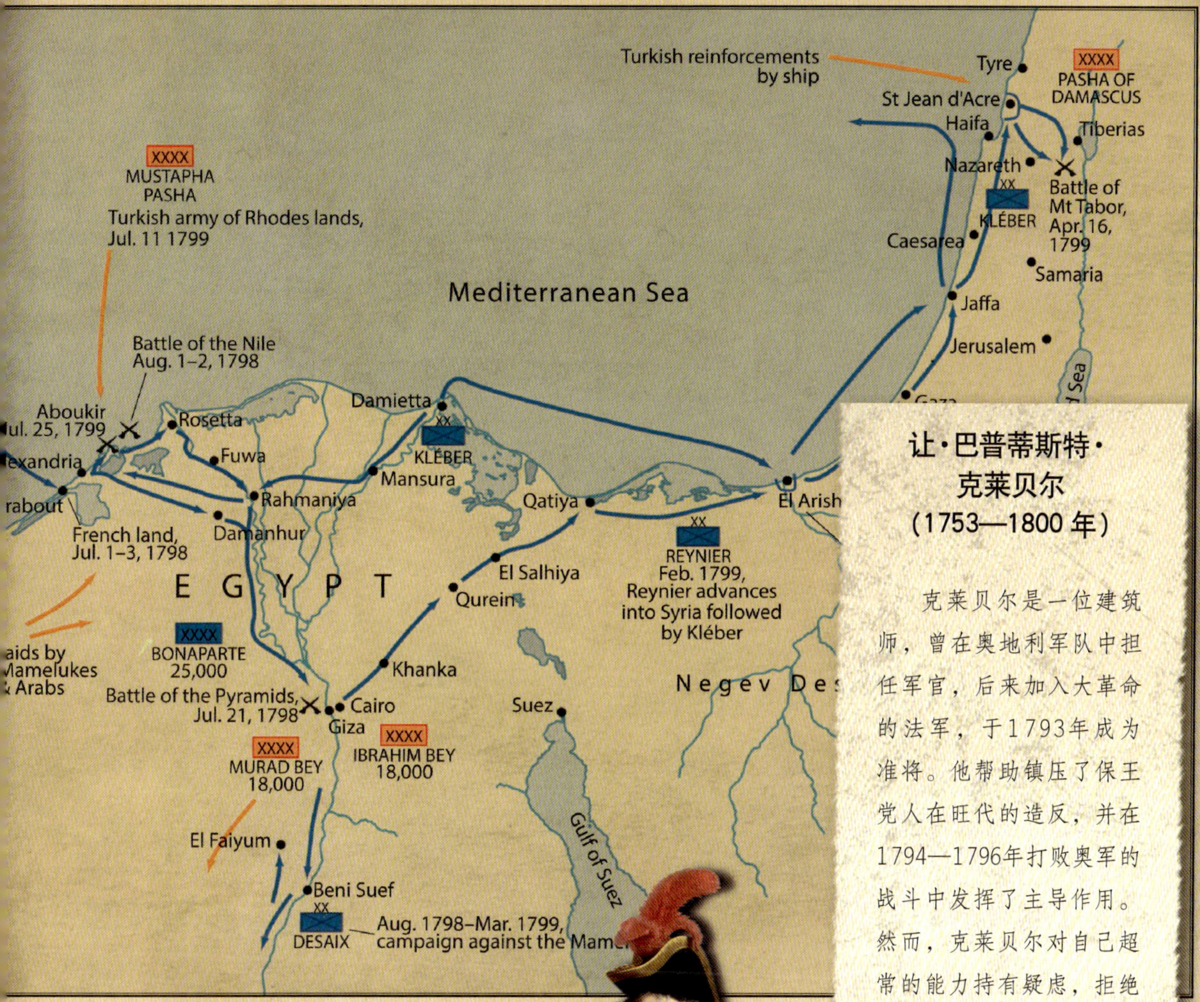

埃及与叙利亚战役

（1798 年 7 月—1799 年 7 月）

法军行军路线

法军包围圈

土耳其军队

马穆鲁克骑兵行军路线

让·巴普蒂斯特·克莱贝尔（1753—1800 年）

克莱贝尔是一位建筑师，曾在奥地利军队中担任军官，后来加入大革命的法军，于1793年成为准将。他帮助镇压了保王党人在旺代的造反，并在1794—1796年打败奥军的战斗中发挥了主导作用。然而，克莱贝尔对自己超常的能力持有疑虑，拒绝担任莱茵军团的指挥官，选择前往埃及。他在拿破仑离开埃及后接管指挥权，于1800年签署《阿里什协定》。然而，土耳其人拒绝批准该协定，克莱贝尔重新进行战斗，在赫里奥波利斯击败土军，再次占领开罗，后来在开罗遇刺身亡。

BATAILLE DES PYRAMIDES
Le 5 Thermidor An 6
PYRAMIDES
Berket el Hâm
Shafh elleben
Zénin
Guyzeh
GUYZEH
NIL FLEUVE
Isle de Terse
Isle de Rauda
VIEUX KAIRE
Der el tin
LE KAIRE
Echelle d'un Mètre pour 10,000

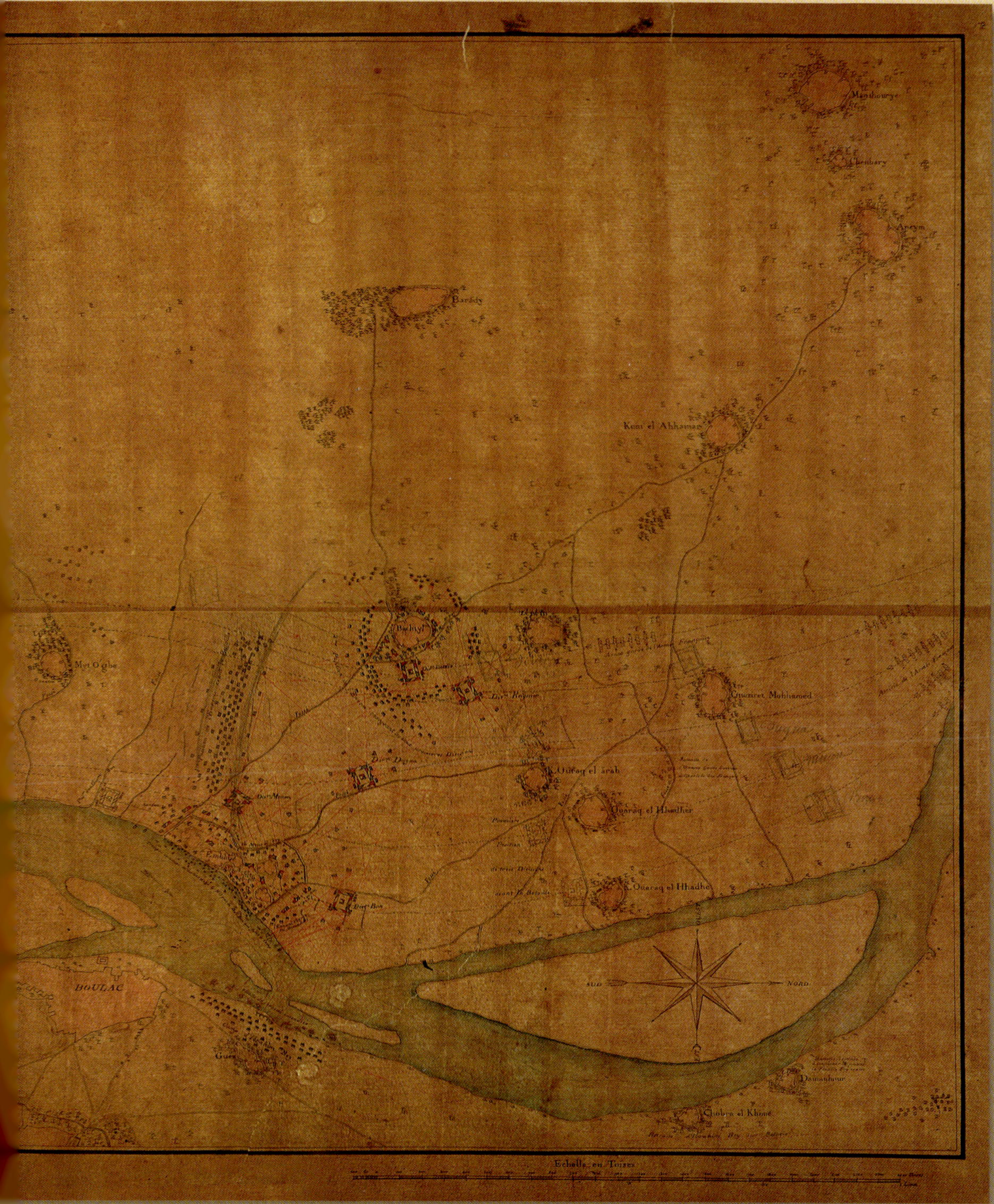
Baràdy
Kom el Ahhamar
Gueziret Mohhamed
K. Ouraq el ärab
Ouaraq el Hhadher
K. Ouaraq el Hhadhe
SUD
NORD
Damanhour
Chobra el Khimé
DOULAC
Echelle en Toises

LIBERTÉ, FRATERNITÉ, EGALITÉ OU LA MORT.

雾月政变与马伦戈战役

“要不是因为你们英国人，我将成为东方的皇帝。”拿破仑在晚年哀叹道。

拿破仑远征埃及行动之所以受挫，可能是因为英国对制海权的掌控。此次远征行动没能实现任何战略目标，却暴露了法国的野心，加快了第二次反法联盟的形成。远征行动削弱了督政府的地位，却使拿破仑的威望得到提升。1799年，拿破仑出人意料地返回法国，向督政官们发难，结果受到了他所谓的“冷遇”。不过，随着拿破仑在阿布基尔湾大败土耳其军队

我只是一名马下的哨兵，负责保卫拿破仑将军的安全。当我在他居住的公寓外站岗时，心里感到无比的骄傲和喜悦；我向返回公寓的拿破仑行持枪礼，当他向我示意时，我心里感到非常幸福。对于这些，我仍然记忆犹新。

——第20猎骑兵团查尔斯·帕奎因

左图：路易·勒热纳描绘了法军在马伦戈战役中发动决定性反攻的场景。在画作的中左方，德赛受了致命伤，从马上摔下来。实际上，德赛战死的时候，拿破仑根本看不到他。

上图：雾月19日，拿破仑出现在五百人院。不过，事件的发展并不像画作中显示的那么顺利。拿破仑可能遭到了代表们的粗暴对待，后在弟弟吕西安的帮助下脱险；随后法军部队对议会进行清洗。

的消息公之于众，公众的情绪得到了振奋。拿破仑在从弗雷瑞斯返回巴黎的途中，受到了极为热烈的欢迎。

拿破仑重返法国，恰好是在至关重要的时刻。马塞纳刚刚在瑞士打败俄军，反法联盟军队不久后被逐出荷兰。五百人院（立法机构下院）中的保王党人已于1797年被清除，在布列塔尼以及法国西南部地区发生的反革命暴乱也已被镇压。尽管五百人院中极端的

让·维克多·莫罗
（1763—1813 年）

莫罗在参加国家近卫军时，正在进行法律专业训练。他于1794年晋升为少将，先后指挥过北方军团、莱茵—摩泽尔军团、桑布尔—默兹军团和意大利军团。他对1799年的雾月政变予以支持，并于1800年12月在霍恩林登战役中大胜奥地利军队。他的妻子颇具野心，可能促使他支持孔代亲王1803年刺杀拿破仑的阴谋；也许是拿破仑嫉妒他超强的才干，对这种未经证实的怀疑推波助澜。莫罗被流放，前往美国，后于1813年返回欧洲。莫罗在德累斯顿战役中受了致命伤。当时，他担任俄皇的顾问。

新雅各宾派张口便是传统的革命口号，但巴黎已经厌倦了暴力政治。不过，如果说法国更渴望稳定而不是革命，那么当时的状况对于野心勃勃的将军们而言并没有什么吸引力。

拿破仑还有一些私生活方面的苦闷。约瑟芬与年轻军官依波利特·查尔斯令人吃惊的通奸行为令拿破仑非常恼火。他一到巴黎就将约瑟芬关在卧室门外。约瑟芬以及她的孩子霍顿斯和尤金大声哀求拿破仑开恩。拿破仑最后还是打开了门，“他们的婚姻……再也没有遇到过麻烦。”但约瑟芬发现，她的丈夫已经没那么好说话；拿破仑坚持要求约瑟芬与督政府中的那帮声名狼藉的朋友们绝交。

拿破仑与他的政治支持者秘密行动，发展个人势力。其中一些人，例如西哀士，希望能够以削弱立法机构为代价加强行政机构，并且需要一位将军来发动政变。外交部部长塔列朗称：“你想要权力，西哀士想要新宪法，那么你们就联合起来吧。”拿破仑的兄弟约瑟夫和吕西安进行密谋。10月25日，吕西安成为五百人院议长。11月9日（雾月18日），一场所谓的阴谋为拿破仑提供了借口。他将两个立法机构——元老院和五百人院搬至巴黎郊外的圣克卢宫。拿破仑受命指挥驻巴黎部队，他向杜伊勒里宫的1万名士兵作了慷慨激昂的长篇演讲。雾月19日，拿破仑前往圣克卢宫。在那里，面对着愤怒的代表们，拿破仑惊恐万分。吕西安对士兵们说，代表们企图谋杀他们的将军。于是，曾在意大利和埃及指挥骑兵部队的缪拉率领士兵们前往圣克卢宫，闯入会议室。

左图：1799年12月15日，位于小卢森堡宫的法国国务委员会办公处所。三位执政官（康巴塞雷斯、拿破仑和勒布伦）在接受各位议长宣誓效忠。

上图：拿破仑在马伦戈战役中身着的军服。

到了夜幕降临时，由拿破仑主导的三人“临时执政府”得以组建。当年 12 月，新宪法获得全民公决的批准，拿破仑·波拿巴被任命为第一执政官，康巴塞雷斯为第二执政官，勒布伦为第三执政官。

在政治权力得到稳固之后，拿破仑开始将注意力转向军事领域。当时，法军在黑森林和多瑙河上游分别与大规模奥军部队对峙，在意大利也面对着一支较小规模的奥军部队。拿破仑制订计划，准备向维也纳进军，但奥军出人意料地在意大利发动进攻。1800 年 5 月，拿破仑率军越过大圣伯纳德山口，于 6 月 2 日进至米兰，决心向梅拉斯将军开战。出乎拿破仑意料的是，奥军于 6 月 14 日向驻在马伦戈的部分法军部队发动进攻。于是，他向德赛发出了绝望的消息——“看在上帝的分上，赶紧回来！”德赛于当天午后赶到。此时拿破仑宣称，战役已经失利，但仍然有时间赢得另一场胜利。在拿破仑的步兵部队发动反攻的时候，更年轻的克勒曼向奥军侧翼发起冲击，奥军在数分钟之内就发生崩溃。

马伦戈战役并未导致战争终结。莫罗于 12 月 3 日赢得的霍恩林登大捷，才促使奥地利人于 1801 年 2 月 9 日签署《吕内维尔条约》。英国于 1801 年 10 月对该条约的条款表示认同，并在 1802 年 3 月的《亚眠和约》中予以确认。拿破仑作为胜利者与和平缔造者，于 8 月 2 日被任命为终身执政官——法国唯一的国家元首。

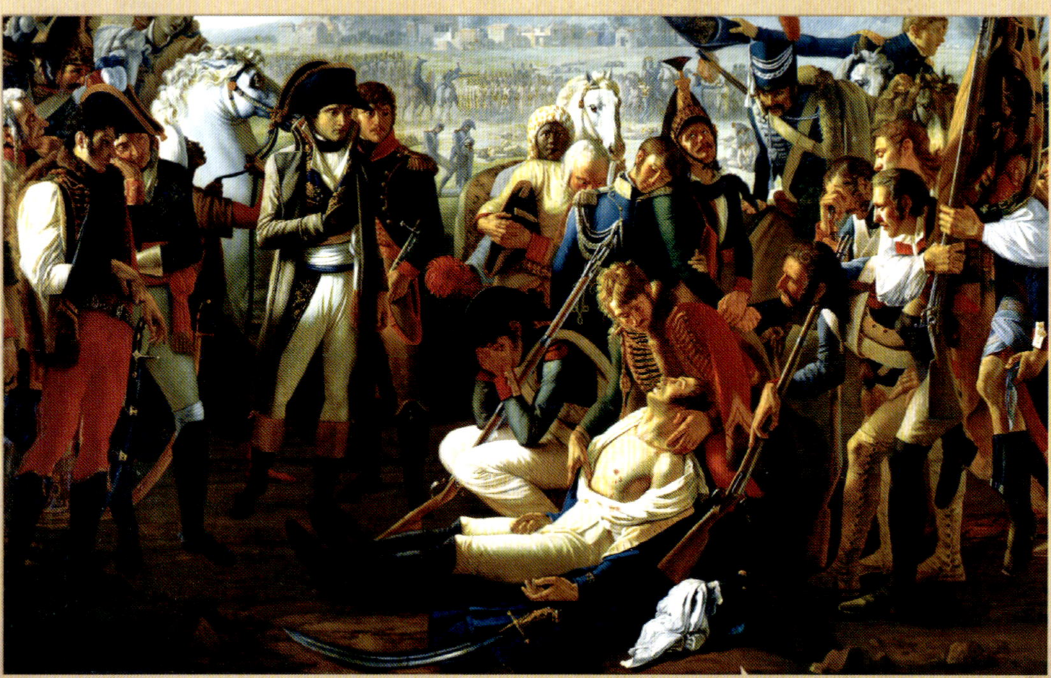

路易·夏尔·安东瓦尼·德赛
(1768—1800 年)

德赛出身贵族（德赛·德·维古家族），是一位正规军军官，支持法国大革命，尽管他曾因抗议废黜国王而遭到监禁。1796年，他指挥后卫部队，掩护莫罗穿过黑森林实施后撤，随后在破败的凯尔堡抗击奥军的进攻，在弹药耗尽之后才停止抵抗。德赛在治理埃及的过程中表现出色，他管辖的当地民众称他为“公正的苏尔坦”。他在马伦戈战役中指挥部队发动决定性反攻时阵亡。

左图：战死沙场的荣耀。德赛是战役中真正的英雄。关于这一点，拿破仑在记述中进行了大幅度的“调整”，以体现出他对德赛指挥才干的更高评价。

右图：马伦戈战役后，拿破仑身着执政官外套而不是他的蓝色将军服，向执政府近卫军赐予荣誉之剑。这些战士构成了法兰西帝国近卫军的核心力量。

LIBERTÉ, FRATERNITÉ, EGALITÉ OU LA MORT.

统治者与立法者

作为皇帝，拿破仑对法国进行了改造，清除了旧政权的封建残余，并且为法国打造了高效的官僚政治和单一的民法典。

1803年，旺代领导人乔治·卡杜达尔企图刺杀拿破仑。阴谋失败，参与者被处决，而莫罗（霍恩林登战役获胜的功臣）因证据不足被获准流亡。为了强调政权反应措施的严肃性，年轻的昂吉安公爵——孔代亲王的后裔、波旁王朝旁系首领——在德意志附属国巴登遭到绑架，并被带到法国枪杀，罪名是流亡海外私通他国。上述事件推动形成的氛围，在一定程度上促使元老院于1804年5月18日委任拿破仑为皇帝：根据惯例进行的全民公决对拿破仑的晋升予以确认。为了得到教皇的认可，拿破仑和约瑟芬秘密举行了宗教仪式的婚礼。12月2日拿破仑举行加冕仪式时，教皇为他进行了涂油礼，但拿破仑自己戴上了皇冠。

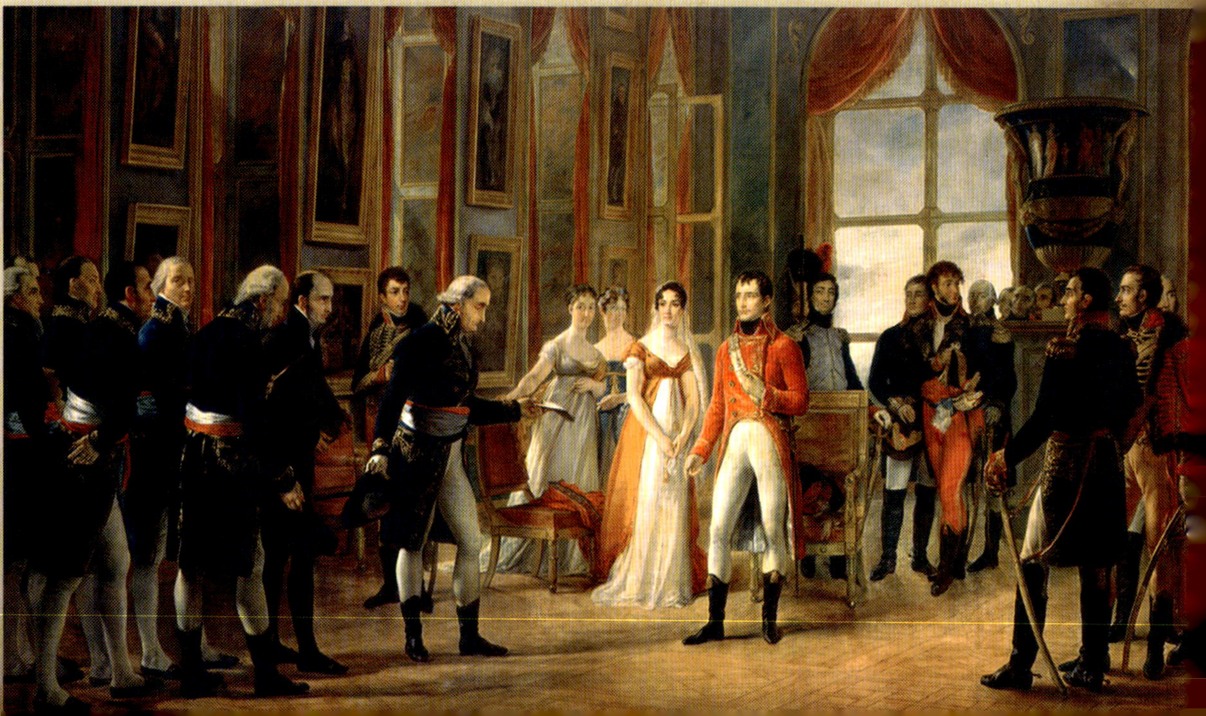

左图：拿破仑在圣克卢宫接受《元老院法令》，并据此成为法兰西帝国皇帝。站在拿破仑右边的是约瑟芬，站在他身后的是奥坦丝·德·博阿尔内和拿破仑的妹妹卡罗琳。

上图：1804年12月2日，拿破仑和约瑟芬在巴黎圣母院举行加冕仪式：拿破仑皇帝即将把皇冠戴在自己的头上。拿破仑后来要求画家雅克·路易·大卫在画作中绘制出教皇举手以示祝福的形象。

拿破仑已经启动了法国的建设进程。他对继承的包括元老院、立法机构和护民官在内的代议制进行弱化，并于1807年废除了护民官制度，理由是招致了某些批评。相比之下，行政体制却得到了极大加强。在大革命之后，大多数政府部门进行了重组。在拿破仑的统治下，内政部、外交部、司法部、陆军部、海洋与殖民事务部、警务部等部门的职权进行了逻辑界定，并由国务卿实施协调和直接政策指导。拿破仑帝国既没有建立内阁，也没有设立首相职位，这并不奇怪。

国务委员会是最具影响力的新机构，其成员在整个政界要员中广泛筛选：该委员会负责起草

左图：让·奥古斯特·多米尼克·安格尔形象地描绘了登上法国皇位的拿破仑，这是艺术服务于国家的最佳体现。

法律法规，为执行特殊任务建立高级官员储备，对政府部门进行专业化监督和检查。这些监督职能最终催生了大量的行政法，该委员会也在朝着历史学家所谓的“法国官僚政治不可动摇的基石”方向发展。

强大的中央机构控制着地方行政。各省的职权掌握在地方行政长官的手中；地方行政长官由巴黎方面任命并对其负责，他们的制服也反映出在严格等级体制中的地位差别。他们的下级地方长官制服的华丽程度稍逊一筹，这些职位通常由当地人担任，但没有选区，并且和他们的上司一样，都是由政府任命。这种安排机制部分可以追溯至路易十四的督办官体制。不过，许多中世纪的残余在大革命中被消除，使得法国可以实现全面的中央集权，而旧政权由于受困于封建遗产和习惯法，则无法达到这种程度。中央政府的强大，使新体制得以顺利运转。但拿破仑仍在着力清除影响中央稳定的地方制衡力量，以期剪除敌方势力。

宗教对于公立学校的女生而言非常重要。不管人们说什么，这是母亲的守护，也是丈夫的庇护。我们对教育的要求并不是让女生们应该会思考，而是要让她们应该会相信。

——拿破仑，1807年5月25日

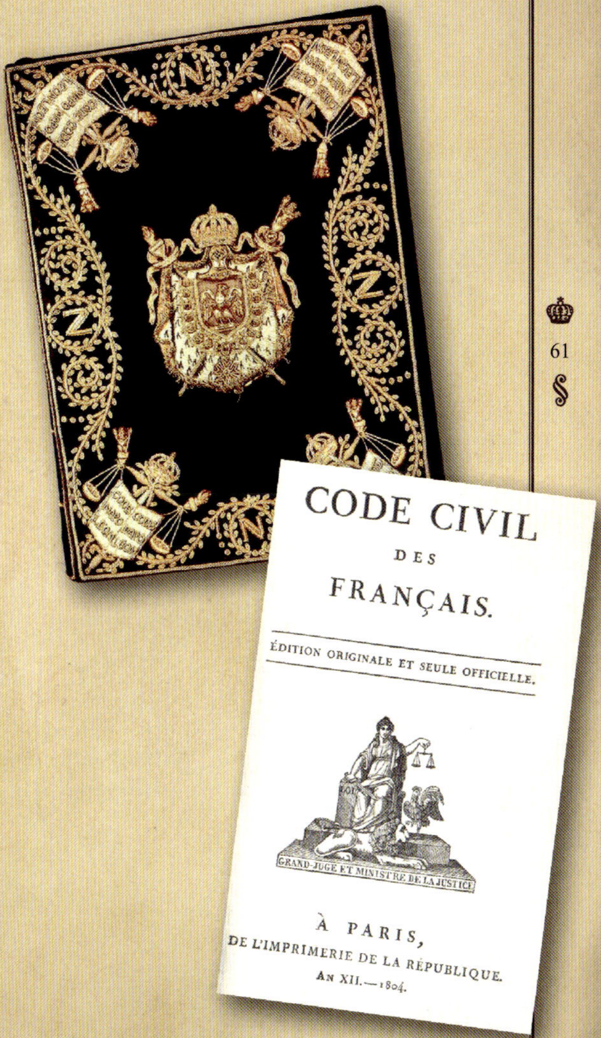
CODE CIVIL
DES
FRANÇAIS.
ÉDITION ORIGINALE ET SEULE OFFICIELLE.
GRAND-JUGE ET MINISTRE DE LA JUSTICE
À PARIS,
DE L'IMPRIMERIE DE LA RÉPUBLIQUE.
AN XII.—1804.

右图：镶金黑天鹅绒装帧的《拿破仑民法典》第一版。1804年3月21日出版的《拿破仑民法典》第一版扉页。这部著作是拿破仑众多经久不衰的丰功伟绩的见证之一。

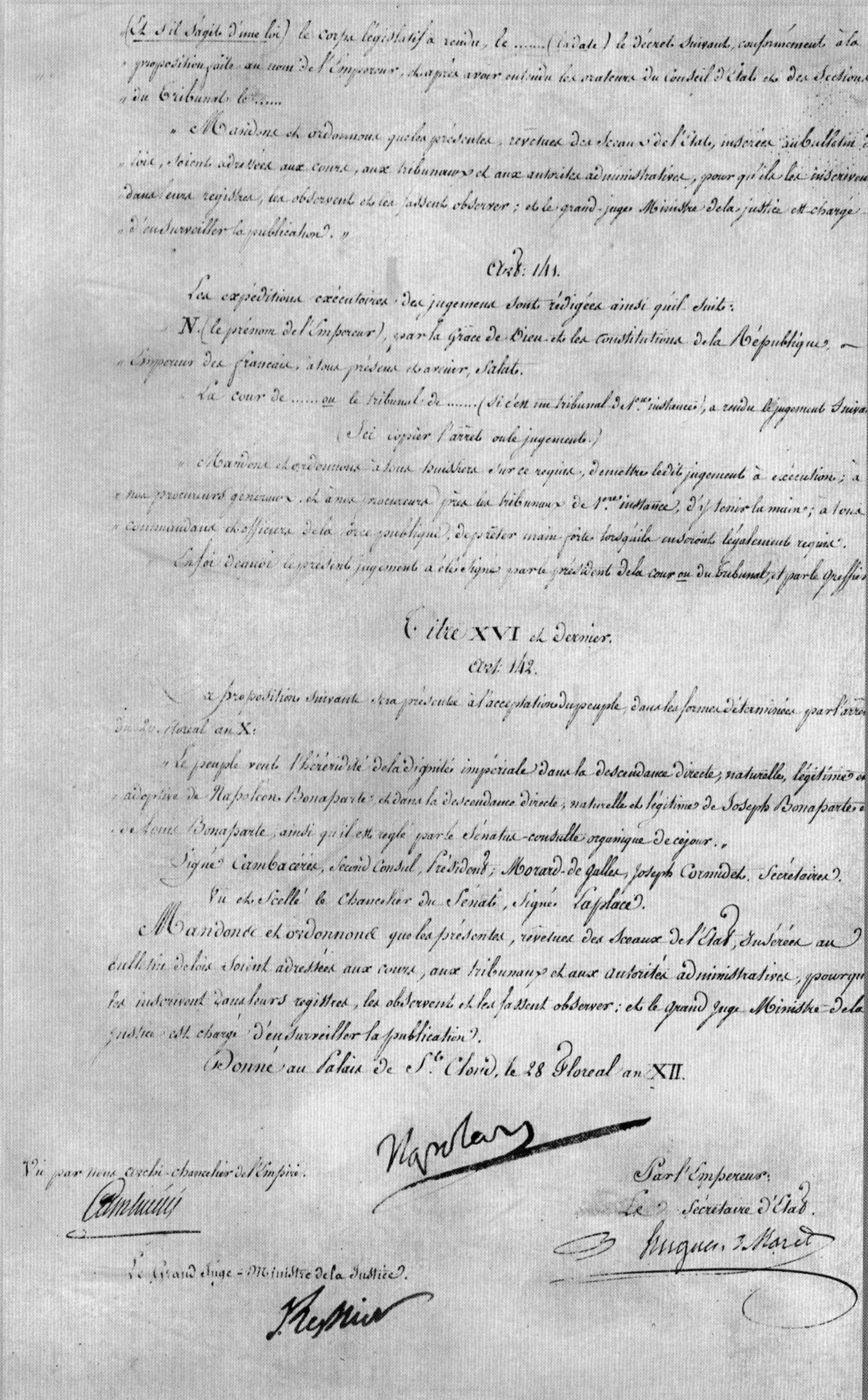

(Et s'il s'agit d'une loi) le corps législatif a rendu, le ...... (la date) le décret suivant, conformément à la proposition faite au nom de l'Empereur, après avoir entendu les orateurs du Conseil d'État et des Sections du Tribunat le ......

« Mandons et ordonnons que les présentes, revêtues des sceaux de l'État, insérées au bulletin des lois, soient adressées aux cours, aux tribunaux et aux autorités administratives, pour qu'ils les inscrivent dans leurs registres, les observent et les fassent observer; et le grand-juge Ministre de la justice est chargé d'en surveiller la publication. »

Art: 141.

Les expéditions exécutoires des jugemens sont rédigées ainsi qu'il suit:

N. (le prénom de l'Empereur), par la grâce de Dieu et les constitutions de la République, « Empereur des français, à tous présens et à venir, Salut.

« La cour de ...... ou le tribunal de ...... (si c'est un tribunal de 1re instance), a rendu le jugement suivant:

(Ici copier l'arrêt ou le jugement.)

« Mandons et ordonnons à tous huissiers sur ce requis, de mettre ledit jugement à exécution; à nos procureurs généraux, et à nos procureurs près les tribunaux de 1re instance, d'y tenir la main; à tous commandans et officiers de la force publique, de prêter main forte lorsqu'ils en seront légalement requis. »

En foi de quoi le présent jugement a été signé par le président de la cour ou du tribunal, et par le greffier.

Titre XVI et dernier.

Art: 142.

La proposition suivante sera présentée à l'acceptation du peuple dans les formes déterminées par l'arrêté du 20 floréal an X:

« Le peuple veut l'hérédité de la dignité impériale dans la descendance directe, naturelle, légitime et adoptive de Napoléon Bonaparte, et dans la descendance directe, naturelle et légitime de Joseph Bonaparte et de Louis Bonaparte, ainsi qu'il est réglé par le sénatus-consulte organique de ce jour. »

Signé Cambacérès, second consul, Président; Morard-de-Galles, Joseph Cornudet, Secrétaires.

Vu et scellé le chancelier du Sénat, signé Laplace.

Mandons et ordonnons que les présentes, revêtues des sceaux de l'État, insérées au bulletin des lois soient adressées aux cours, aux tribunaux et aux autorités administratives, pour qu'ils les inscrivent dans leurs registres, les observent et les fassent observer; et le grand juge Ministre de la justice est chargé d'en surveiller la publication.

Donné au Palais de St. Cloud, le 28 Floréal an XII.

Napoléon

Vu par nous archi-chancelier de l'Empire.

Cambacérès

Par l'Empereur:

Le Secrétaire d'État.

Hugues B. Maret

Le Grand Juge - Ministre de la Justice.

Regnier

左图：1804年5月18日的法兰西帝国契证。法国元老院在这份宣言中委任拿破仑为世袭皇帝，并于11月通过全国公民投票得以确认。

用单一法典取代各种法律，在法国旧政权时代就已经开始，在大革命时期仍在延续。1800 年，拿破仑让一批知名律师在 5 个月的时间里解决这些问题，以加速推进这一进程。直至 1804 年，法典才得到一致认同。不过，这部法典非常成功，所有 2281 个条款包含在一卷内。法典崇尚法律面前人人平等、宗教信仰自由以及财产权益——所有合法子女有权平等继承。《民事诉讼法》更为复杂。以现代人的眼光来看，这部新的《刑法典》似乎有些苛刻，但它要比当时英国的刑法实践合理得多。

拿破仑于 1801 年与教皇签署了《政教协议》，使教皇得以在加冕仪式上为拿破仑皇帝进行涂油礼。拿破仑在协议中承认天主教为主要宗教，但将主教置于地方行政长官的控制之下，并向教士发放薪水。修道会制度重新回归法国，但教皇诏书必须得到政府同意才能颁布。尽管教堂仍然保持着对基础教育的控制，但新型中等教育的重点在于精英公立中学。这是一种寄宿学校，那些身着制服的学生未来注定将在官僚政治中担负最重要的岗位。而其他一些中学培养的学生将适宜担负相对而言不甚重要的商业和行政岗位。还有一些专业高等学校致力于培养教育、医疗、药学、法律和军事人才。拿破仑在行政和立法方面取得的成就比他的生命更为长久，其中许多成就在今天的法国仍然有所体现。

夏尔·莫里斯·德·塔列朗—佩里戈尔
（1754—1838 年）

塔列朗出身贵族，于1788年成为奥顿区主教，并于次年成为议会中的激进派成员。在1792—1796年期间，他逃离法国，前往英国和美国，从而避免在恐怖统治期间被逮捕。在罗伯斯庇尔垮台后，塔列朗返回法国，成为督政府和执政府的外交部部长。他帮助拿破仑建立了王权，但却于1807年在《提尔西特条约》签署后不久辞职。在此后的几年里，他对于拿破仑向被征服国家施以苛刻条款的状况已是彻底醒悟。塔列朗成为反拿破仑派别的首领，后于1814年在路易十八政权中再次出任外交大臣，并参加了维也纳会议。他的最后一项重要任职是在1830年法国“七月革命”期间担任国王路易斯·菲利普的顾问。

LIBERTÉ, FRATERNITÉ, EGALITÉ OU LA MORT.

乌尔姆与奥斯特里茨战役

《亚眠和约》仅仅是暂时中止了敌对状态。1805年，第三次反法联盟向法国开战。其中，英国提供资金和海上力量，奥地利和俄国则提供人力。

奥俄联盟的计划突出强调在意大利北部地区的作战行动，但也存在着行动过于复杂和指挥权被分割的缺憾，并且寄希望于俄军在 10 月中旬进至巴伐利亚。拿破仑的反应行动颇具特色。他的大军正集结在英吉利海峡海岸的布伦，准备入侵英国。但情况很快就很明朗，尽管西班牙加入法国一方参战，但他仍然无法确保能够掌控实施该项行动所依赖的制海权。形势刚刚清晰（实际上在特拉法加海上决战打响之前就已经显现），拿破仑就立即决定调集 20 多万兵力向多瑙河齐头并进。他在途中打败了巴

下图：在西蒙·福特的这幅画作中，下午 4 时许，拿破仑从位于普拉茨高地顶峰的圣安东尼教堂观察奥斯特里茨战况。当天上午，法国将此作为第一要务，攻占了这座高地。拿破仑从教堂朝着南方扎钦湖的方向观察，反法联盟军队正在沿着冰冻的湖面后撤——扎钦村位于地图上的远端。

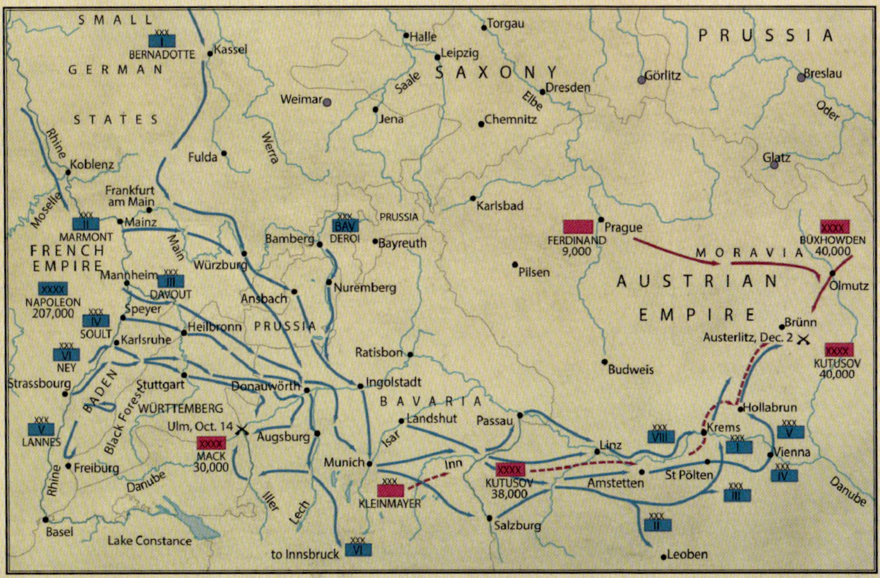

上图：1805年10月20日，乌尔姆投降仪式，拿破仑接受马克将军的投降。

乌尔姆与奥斯特里茨战役
（1805年9—12月）

法军前进路线
奥俄军队前进与后撤路线
普鲁士动员中心

伐利亚联盟，在俄军能够介入之前包围了马克率领的奥军先头部队，随后再接再厉，击败了反法联盟军队的主力。此次作战行动依靠的是拿破仑的作战军体制，使各个独立的部队阵型（人员规模从 1.4 万到 4.1 万不等）既能够独立行进，也可以统一作战。拿破仑将其他次要战区交给了下级：马塞纳奉命将查尔斯大公爵钳制在意大利北部，圣西尔受命防止反法联盟袭击那不勒斯，布律纳则负责监视英吉利海峡。

9 月 3 日，拿破仑离开布伦。此时，他的大部分人马已经开始出发。9 月 15 日，拿破仑的前卫部队在斯特拉斯堡与美因茨之间跨越莱茵河。马克被法军骑兵部队迷惑，对于即将遭受的突然打击一无所知。10 月 2 日，法军开始调头向南，插到马克的背后，并且挥师东进，寻求构筑阻击阵地，防止俄军赶到。马克所部有部分骑兵成功逃脱，但马克还是于 10 月 20 日在乌尔姆带领主力部队 6 万人投降。拿破仑无意就此停止行动，因为战场上还有规模可观的俄军和奥军部队。此外，鉴于普鲁士的部分偏远地区已被法军先头部队所侵犯，普随时有可能加入反法联盟。

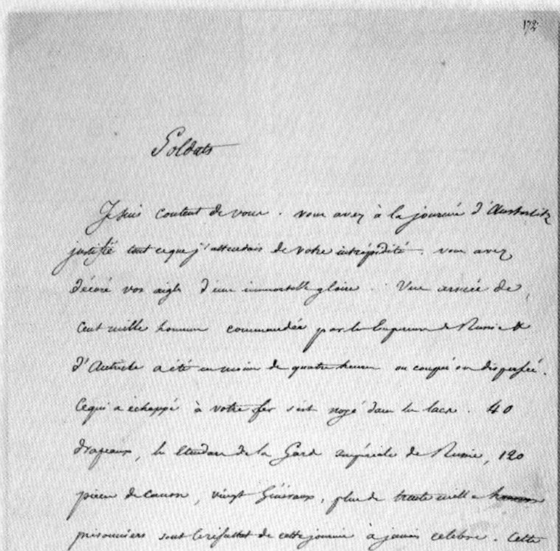
Soldats

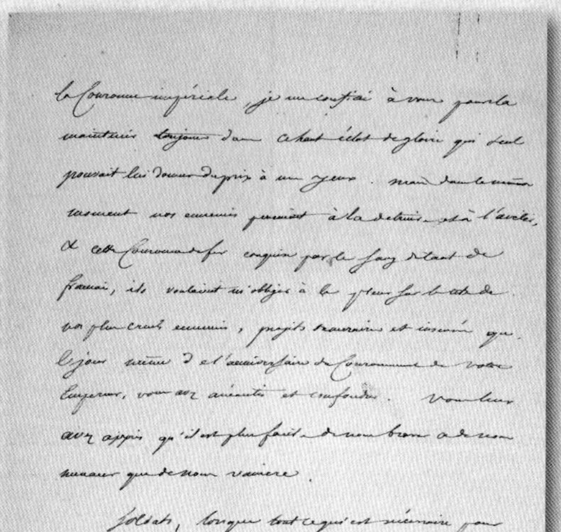

卡尔·马克·冯·莱贝里希
（1752—1828 年）

马克于1770年参加奥地利骑兵部队，成为拉西元帅的门徒，被封为贵族。他在1788—1790年对土耳其的作战中表现出色，在战斗中头部负伤，留下了后遗症。1793—1794年期间，他在弗兰德斯成功履行参谋长的职责，后来担任那不勒斯陆军总司令，但被法军俘获。马克在成功逃脱后一直赋闲，直到宫廷主战派感到需要一位将军来帮助对抗查尔斯大公爵。他坚持认为，奥地利并未做好恢复与法国敌对状态的准备，并希望实施一系列彻底的、同时带有争议性的改革。马克成为陆军参谋长，但等到1805年战争爆发时，他仓促的改革措施仅仅实施了大概。战争中，马克在乌尔姆战役中被迫投降。他被军事法庭判处死刑，但后来被改判，并且很快被释放。1819年，马克的地位得到了恢复。

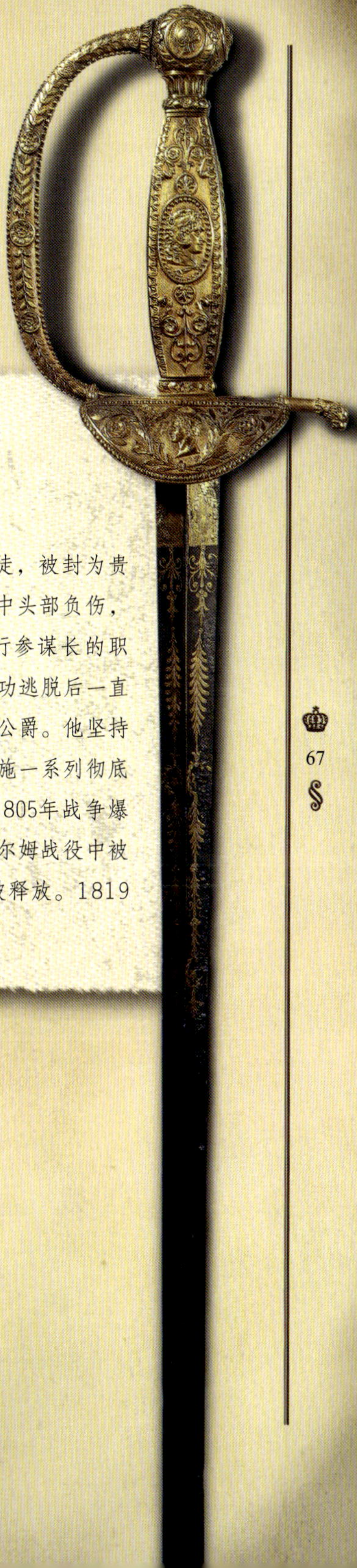

左图：拿破仑于 1805 年 12 月 3 日发出的贺电，开头便是这句经典名句："各位将士——你们的表现令我非常高兴。"在贺电的结束部分，他向部下保证，他们今后只需向他人提到曾经参加过奥斯特里茨战役，对方就会回应道："真是一位勇士。"

右图：拿破仑在奥斯特里茨战役中佩戴的配有镶金剑柄的佩剑。

拿破仑决定向维也纳挺进，希望通过威胁奥地利首都，诱使对手开战。他的骑兵先头部队咬住了正在向东退却的库图佐夫后卫部队。拿破仑本人于10月28日离开慕尼黑，但很快发现缪拉的追击行动处置失当。结果是，库图佐夫得以逃脱，并于11月11日在多施坦因向莫蒂埃作战军部分部队发动猛烈攻击。

11月12日，法军抵达维也纳，当时该城已不设防。反法联盟军队撤出维也纳，在奥尔米茨附近占领了一处阵地，这里的交通线路安全可靠，分别向东和向北延伸。相比之下，法军几乎已到了山穷水尽的境况，在长途行进以及向西延伸的脆弱的交通线路上耗尽了精力。拿破仑知道，延误只会使敌人更加强大，还可能使正在从意大利撤退的奥军部队加入战斗。他希望进行决战，但如果他的敌人认识到这一点，就会始终与法军脱离接触。于是，拿破仑通过外交和军事渠道透露，他的部队已经极度虚弱，并摆出寻求停战的架势。与此同时，他命令外围的作战军尽快与他会合。

12月1日，法国陆军在奥斯特里茨小镇以西10公里（6英里）处摆开阵势，其左翼部署在布鲁恩—奥尔米茨公路上，右翼部署在特尔尼茨附近的湖区，前方则是普拉茨高地。法军大部分兵力并未被反法联盟军队发现，后者计划先向法军右翼发动进攻，再挥师向北，切断法军退路。在

尼古拉斯·让·德迪乌·苏尔特
（1769—1851年）

苏尔特于1785年成为一名列兵，在法国大革命期间被任命为军官，于1794年成为准将，并在1800—1801年的苏黎世和意大利战役中担任指挥官。他于1804年被任命为元帅，在奥斯特里茨战役中攻占了普拉茨高地，给敌方以决定性的打击。苏尔特于1808年被册封为达尔马提亚公爵，但在西班牙战场的表现可谓是喜忧参半。在1813—1814年期间，他巧妙地防卫了法国边境。在百日战争期间，苏尔特担任参谋长，但并不如意。在19世纪30年代，他成功地重新获得法国王室的支持。

北部还将进行辅助攻击。12 月 2 日黎明前，反法联盟军队强大的攻击力量声势浩大地向前推进。但随着天色渐渐放亮，拿破仑派遣旺达姆和圣希莱尔向普拉茨高地发动进攻。在反法联盟军队南进之后，这处高地的防守已不再稳固。法军夺得了整个战场中心地带的重要位置，从肩部切断了反法联盟军队的攻击力量。法军右翼部队虽然承受重压，但仍在顽强抵抗；左翼部队则阻止住了敌军沿公路发动的进攻。拿破仑加强了中央部队的力量，随即向东南方向实施猛烈打击。反法联盟军队损失了 2.7 万人，约合其总兵力的三分之一；法军共计伤亡 9 千人。这则消息使英国首相小威廉·皮特的心理受到重创，不到两个月便与世长辞。12 月 26 日，拿破仑与奥皇弗朗茨二世签署了《普雷斯堡条约》。该条约违背了法国外交大臣塔列朗的建议，剥夺了奥地利的大量领土，并迫使奥承担了苛刻的财政赔偿。

下图：奥斯特里茨战役前夜，拿破仑的露营地。普拉茨高地（右后方）成为拿破仑防卫反法联盟军队的屏障。他刚刚享用了一顿土豆炒洋葱，此刻正悠闲放松地对当代剧作家评头论足，称几乎没有人能比得上高乃依。

左图与第71页图：一系列手工绘制的法国军事地图，展示了奥斯特里茨战役的三个阶段。这些地图清楚地说明了法军的计划：反法联盟军队的左翼在南进过程中连成一列，法军部队将越过普拉茨高地，从右后方对其实施打击。

下图：1805年12月4日，拿破仑与奥地利皇帝弗朗茨二世会面。

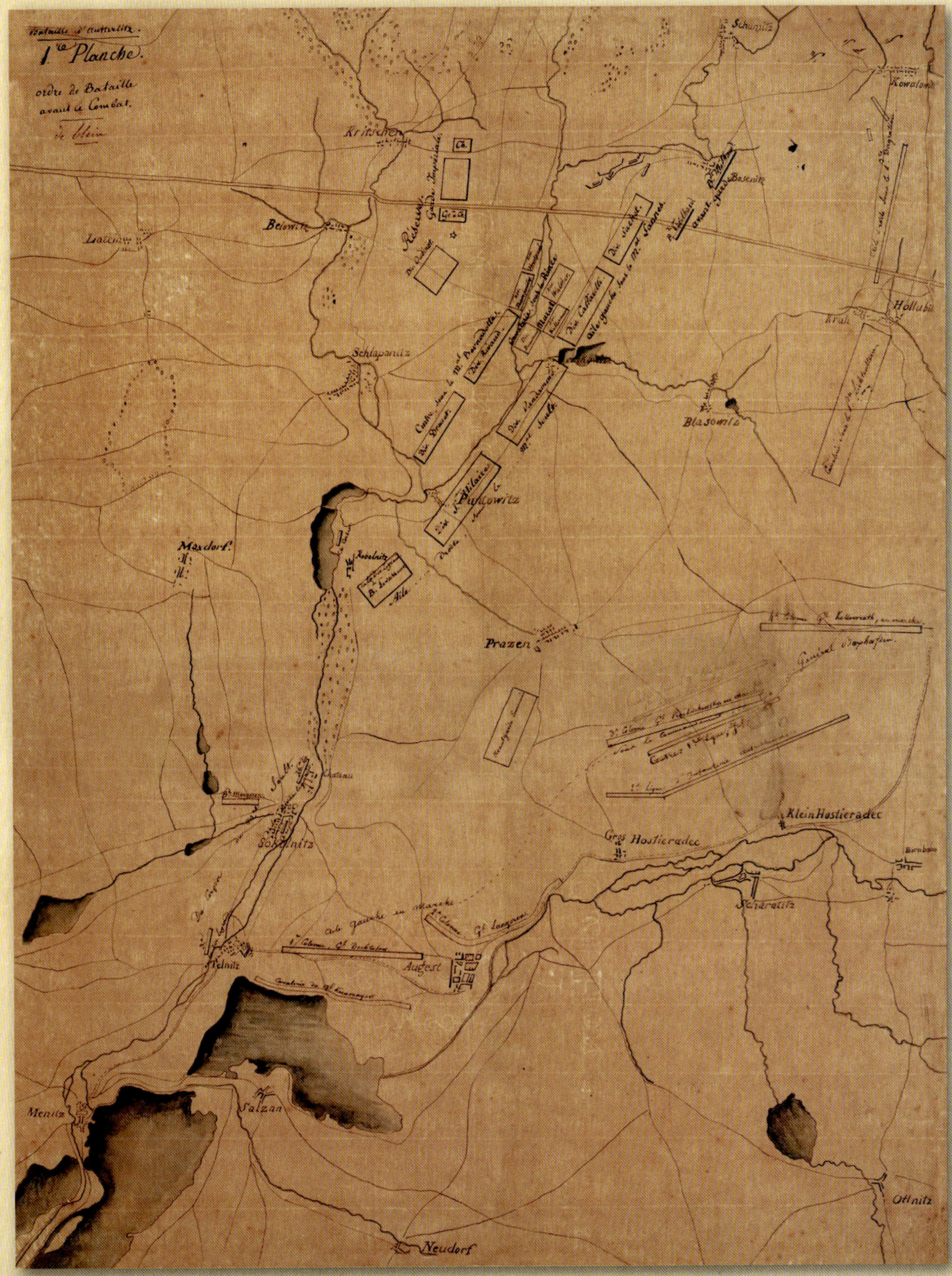

1re Planche
ordre de Bataille
avant le Combat
Belowitz
Schlapanitz
Blasowitz
Prazen
Maxdorf
Sokolnitz
Telnitz
Augest
Menitz
Neudorf
Ottnitz
Klein Hostieradec
Gros Hostieradec

LIBERTÉ, FRATERNITÉ, EGALITÉ OU LA MORT.

海 战

在海上突袭战、封锁战以及期间不时发生的大规模作战中，英国皇家海军凭借着高超的航海技能和战术策略，成为战场上的常胜之师。

在拿破仑时代，人们将战列舰作为衡量海军实力的标准。当时的战列舰是一种三桅帆船，配备有重炮——战列舰正是因此得以问世。战列舰投入到线性作战之中，与对手相互进行近距离猛烈打击。作战双方的舰队在技术上几乎没什么差别，因此航海技能和战术策略就显得尤为重要，舰队指挥官要能够利用从风向到潮汐在内的各种优势。交战方都希望能够在作战中占据较对手更为有利的位置。1794年，豪伊在大西洋机动数日，从而在开战前占据了相对于法军的逆风风向，最终赢得了“光荣的六月一日”海战——英国皇家海军与大革命时期法国海军之间的第一场海上作战。

海军通常按线性作战，不过，如果双方均保持作战阵型，即使相互之间造成了严重损失，也很难对战局产生决定性影响。木质战舰的抗打击能力令人吃惊。军舰弹

我们的缆索全散了，桅杆全断了。坚守在军舰高层建筑岗位的官兵全部牺牲，24磅舰炮完全毁坏废弃……约450名官兵死伤，没有任何军舰支援我们……维尔纳夫将军被迫攻击敌军旗舰，以阻止敌军对勇敢的法军水兵继续进行杀戮……经过最激烈的3小时15分钟的交火之后——几乎始终在手枪的射距范围内进行，战斗终于结束。

——法国海军“布森陶尔”号战列舰舰长让－雅克·马让迪上校

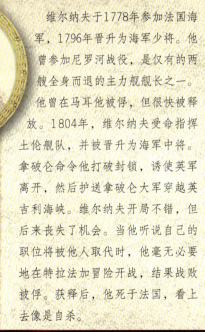

左图：1801年8月15—16日夜，纳尔逊在布伦港出海口向入侵舰船发动了一次舰艇攻击行动。但法军事先得到了警报，纳尔逊在遭受损失后被击退。

上图：在特拉法加战役中，坚韧不拔的小个子舰长让·卢卡斯指挥的“敬畏”号战列舰至少有2小时陷入英国皇家海军“胜利”号和“勇猛”号战列舰的夹击，在猛烈打击之下被炸毁。“敬畏”号吃水线以下遭到严重毁坏，在被英军占领后第二天便被废弃。

右图：英军颁发奖章相对较少。不过，特拉法加战役的胜利非同寻常，参战的所有水兵和水手均被授予此枚奖章。

皮埃尔·查尔斯·让·巴普蒂斯特·西尔维斯特·德·维尔纳夫（1763—1806年）

维尔纳夫于1778年参加法国海军，1796年晋升为海军少将。他曾参加尼罗河战役，是仅有的两艘全身而退的主力舰舰长之一。他曾在马耳他被俘，但很快被释放。1804年，维尔纳夫受命指挥土伦舰队，并被晋升为海军中将。拿破仑命令他打破封锁，诱使英军离开，然后护送拿破仑大军穿越英吉利海峡。维尔纳夫开局不错，但后来丧失了机会。当他听说自己的职位将被他人取代时，他毫无必要地在特拉法加冒险开战，结果战败被俘。获释后，他死于法国，看上去像是自杀。

药库爆炸之后引发了大火，导致尼罗河战役中“东方”号军舰被焚毁，以及特拉法加战役中“阿喀琉斯”号军舰被报销。俘获敌方战舰常常需要登上该舰，这在线性作战中几乎不可能实现。然而，英军舰队指挥官不断地努力改变这种定律：在 1797 年的坎伯当战役中，邓肯突破了荷兰海军的阵型，缴获了荷军 16 艘战列舰中的 9 艘。

打破常规，是纳尔逊在特拉法加战役中大获全胜的重要原因。1805 年年初，拿破仑命令维尔纳夫诱使纳尔逊实施封锁作战的英军舰队前往西印度群岛，再返回集结布雷斯特舰队，护卫拿破仑入侵英国的船队越过英吉利海峡。维尔纳夫在行动的第一阶段取得了成功，但他在向本土海域返航的途中，与考尔德的作战行动无果而终，使他失去了勇气，南下前往维哥，与加的斯港的西班牙舰队会合。10 月 20 日，维尔纳夫率领 33 艘战列舰下海。此时拿破仑的大军已经东进，进行海战已没有任何战略意义。第二天，维尔纳夫舰队在海上与英军遭遇。英军有 29 艘战列舰，在数量上略处于下风，但在舰船操控和舰炮射击方面占据了巨大的优势。威尔逊从两处突破了法国—西班牙舰队的阵型，实施一系列近距离猛烈打击，使英军的作战技

霍雷肖·纳尔逊
（1758—1805 年）

纳尔逊是诺福克一位牧师的儿子，于1770年加入英国海军。他曾在美国独立战争中参战，之后曾一度领半薪赋闲，后于1793年受命指挥英国皇家海军“阿伽门农”号军舰。纳尔逊在1794年卡尔维战斗中失去了一只眼睛，后于1797年参加了杰维斯指挥的圣文生角战役并取得胜利，被册封为骑士，但他在此次战役中失去了一条胳膊。1798年，他在尼罗河战役中重创布鲁依斯率领的法军舰队，获得贵族爵位。1799年，他帮助那不勒斯国王收复该国首都，被国王封为公爵。1801年，纳尔逊在哥本哈根战役中帮助打败了丹麦舰队。1803年，他对土伦实施封锁。1805年3月30日，维尔纳夫舰队突然出现在海上，纳尔逊最终将其赶出特拉法加海角，但在赢得胜利之时阵亡。纳尔逊身材瘦小、高傲自大、魅力超群，是一位不可多得的天才领导人和战术家。

第74-75页图：邓尼斯·迪顿的画作《纳尔逊之死》。在图中右侧显著位置，纳尔逊被法军“敬畏”号军舰上位于后桅顶部的神枪手击中，受了致命伤。在图中左侧显著位置，可以看到一名炮长正在操作舰炮进行瞄准；与他相邻的舰炮炮长刚刚牵拉燧发装置的导火索，向敌军开火。这种简单的装置取代了火绳杆上的阴燃索，使炮长能够精确瞄准和发射，但在特拉法加战役之后才在法军中广泛使用。

左图：1813年2月7日，法军“阿瑞图萨”号护卫舰与英军“阿米莉亚”号护卫舰在几内亚海岸展开激战。最终，皮埃尔·布韦上校指挥的“阿瑞图萨”号军舰赢得了胜利。

能得到了充分的发挥。尽管纳尔逊在战役中阵亡，但他的舰队至少俘获了17艘敌军战列舰，不过其中有2艘后来被对方夺回，还有多艘因遭遇风暴而损毁。这是一场决定性胜利，使法国彻底失去了入侵英国的可能。

正如特拉法加战役所示，一旦线性作战成为一场混战，双方战舰将在近距离平射射距范围内相互实施猛烈打击。一名英国海军上尉后来回忆道，在特拉法加战役中，他甚至可以将饼干从本方军舰的两侧扔上敌舰。舰长们努力保持高速射击，瞄准敌舰防护薄弱的舰尾进行扫射，高超的技能将在此发挥巨大作用。英国皇家海军长期在海上航行，舰员们能够定期进行演练，与常常被关在海港里的对手相比确实存在优势。有些人声称，英军舰员是被胁迫强征入伍，经常遭受虐待。这种说法非常离谱。大多数英军战舰的舰员纪律严明，信心饱满，熔铸成一部“具有强大杀伤力的战斗机器”。在特拉法加战役中，交战双方的伤亡人数相差悬殊：法军“弗高克斯”号战列舰舰长报告称，他的部属中有四分之三被击中；西班牙“至圣三位一体”号战列舰是此次战役交战双方中体积最大的军舰，配备有136门舰炮，该舰有400人阵亡，200人受伤。相比之下，纳尔逊的旗舰“胜利”号是遭受打击最严重的英军战舰，有57人阵亡。

这种规模的海战并不多见。英国皇家海军的胜利并未能使之获得此前所缺乏的任何东西，因为英国对制海权的掌控一直没有间断。冒险进行大规模交战，一般来说也不符合法国的利益。法国拥有理论家所谓的“现存的舰队”，能够在不冒任何风险的情况下钳制住英国皇家舰队的主力。英国海上力量一般用于实施封锁，使船舶难以进出法国控制的港口，这就是包括特拉法加战役在内的所有海战的传奇效果。美国海军理论家阿尔弗雷德·赛耶·马汉曾经写下这样的话语：“对于这些遥远的、遭受风吹雨打的舰船，拿破仑的‘大军’是从来不屑一顾的；但正是这些舰船挡住了他们统治世界的道路。”这番话基本上是恰如其分的。

不过，英国并不会完全顺其自然。法国海军舰艇或者武装民船（获得政府许可证的私人兵船）常常从封锁的港口逃脱，对商船造成严重破坏。这些“商船袭击者”造成的损失令人气恼——英国在1793—1800年期间在敌方攻击行动中损失了2861艘商船，但并不能起到决定性作用。法国“商船袭击者”构成的威胁，无法与德国U型潜艇在两次世界大战中对英国的威胁相比拟。相反，塞纳河下游地区行政长官曾在1811年沮丧地报告称：“这里根本没有商业。没有海上的和平，商业不可能繁荣起来。”

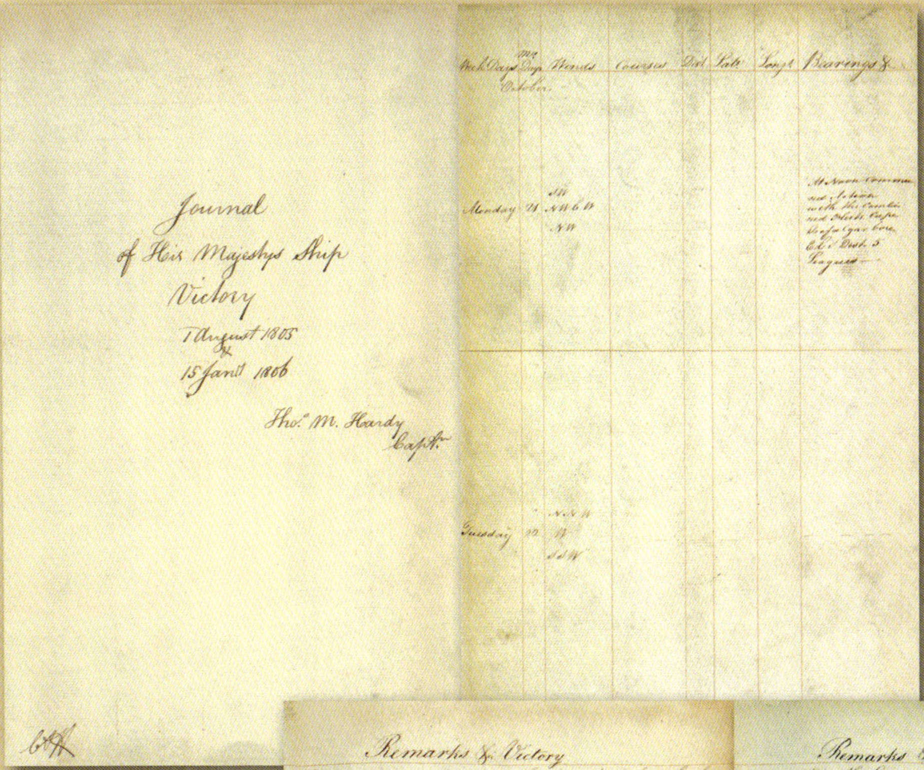

Journal
of His Majestys Ship
Victory
1 August 1805
&
15 Jan 1806

Thos. M. Hardy
Captn.

Week Days	Mo. Days	Winds	Courses	Dist.	Lat.	Longt.	Bearings &c
October							
Monday	21	SW / NWbW / NW					
Tuesday	22	NNW / W / SSW					

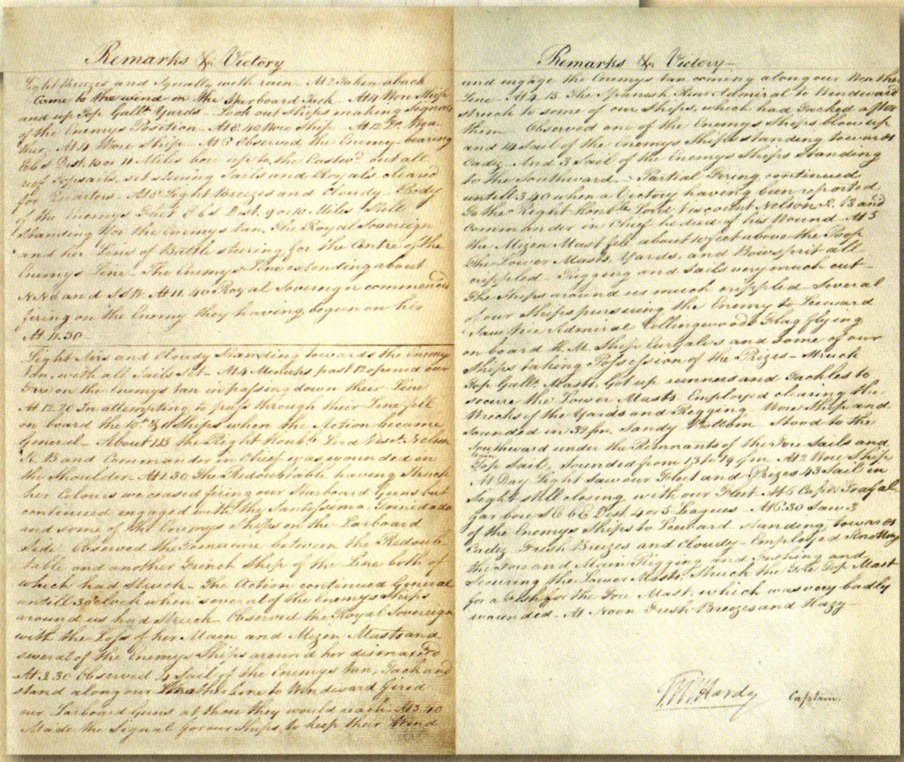

Remarks &c Victory

Remarks &c Victory

T. M. Hardy Captain

上图和右图：由托马斯·马斯特曼·哈代上校指挥的纳尔逊舰队旗舰"胜利"号的航海日志，记载了特拉法加战役以及纳尔逊战死的详细情况。日志中既有重大事件——"巴斯勋爵士、勋爵纳尔逊总司令阁下伤重身死"，也有常规内容——"五级风（轻劲风），薄雾"。

拿破仑的战争艺术

拿破仑才干的核心有一种相互矛盾的现象。

一方面，拿破仑刻苦学习军事理论，崇尚“深入思考，深入分析”。另一方面，他有很多超乎常规之举。他声称：“我打了60场战役，从中没有学到任何之前不知道的东西。”他拒绝程式化的方案，坚持道：“我从未有过作战计划。”不过，他在研究地图和情报方面一丝不苟，还记述道：“我通常在3—4个月之前就想好将要怎么做，而且我会根据可能想到的最坏情况作打算。”简而言之，智慧、天分、经验和直觉异乎寻常地汇集在拿破仑的大脑中。

左图：1805 年 10 月 12 日，在奥斯特里茨战役期间，拿破仑在奥格斯堡的莱希河大桥向第 2 军的官兵发表了即兴演讲。请注意位于图中右侧显著位置的该团鹰旗。

上图：探查情报。19 世纪最著名的军事艺术家之一爱德华·德太耶进行了广泛的收集，因而能够准确地绘制军服。在图中，参谋军官们站在风车的台阶上观察战况进展，一位龙骑兵军官在向一名平民询问情况。

在战争艺术方面，拿破仑从未有过系统性的著述。他的多卷本《拿破仑书信集》可以进行多种解读，前后一致与相互矛盾的现象并存。部分原因在于拿破仑并不想将他的作战方式告诉敌人——可能还包括他的下属。也有部分原因，正如著名的拿破仑问题专家戴维·钱德勒评论称：“他的天分主要体现在实践而不是理论方面。”另一部分原因是，这反映出一种倾向，即记忆中常常是可能发生的情况而不并是真实的情况——这种倾向并非仅在伟大的将军们身上存在。在拿破仑使用的语言中，

有一些复杂的词组连他本人都没能完全理解，许多译员对这些词组添加了自己的解读——这一点可能无须过分强调。

拿破仑指挥才能的实质是他的作战欲望，即搜寻到敌军并予以重创，从而能够如他所愿，剥夺敌对国家的抗拒手段。他曾于1797年断言："欧洲有许多优秀的将军，但他们同时关注的目标太多。而我却只关注一个目标，即敌军的主力。我会努力将其打垮。我相信，其他不太重要的问题也将会随之迎刃而解。"这种方法常常能够奏效，特别是1806年与普军的作战；但也有一些时候未能起作用，最突出的是1812年的俄国战场。

战争的核心就是作战，拿破仑对此坚信不疑。他赞赏18世纪理论家吉尔伯特的作品。他和吉尔伯特一样，并不赞同谨慎作战、四处包围的理念："堡垒和帝国的命运取决于野战。"拿破仑没有道德原则，认定"在战争中只要有用就是合法的"。

左图：1809年7月5—6日夜晚，即瓦格拉姆战役两天时间中的间隔，拿破仑在露营地抓紧时间打盹。

下图：1800年5月，法军准备越过大圣伯纳德山口。在图中的显著位置，炮手们将大炮的零件装在临时制作的木质雪橇上，在雪地上拖曳。

他还是个无情的功利主义者，特别是在对待战争不可避免造成人员伤亡的问题上。他曾警告奥地利政治家梅特涅："像我这样的人，即使是面对上百万人的死伤也不在乎。"不过，共同的人性有些时候也会占据上风。拿破仑曾在1807年埃劳战役后向约瑟芬坦言："在这方面，战争让人感到不快。"

拿破仑通常在仔细研究的基础上构思进攻计划，但需确保有许多备选方案，以防首选计划失败。他强调部队的保密工作，从而

使敌方难以搜集情报。与此同时，他还会故弄玄虚，迷惑对手。拿破仑认为，行动速度非常重要。他曾说道："我可以输掉一场战斗，但绝不能慢一分钟。"他比对手更看重保持高速率的必要性，以剥夺对手的行动自由。他还会努力在决定性要点集中力量。一些评论者围绕着这里是敌人最强点还是最弱点的问题进行毫无意义的争论，实际上两种情况都有可能，这要取决于具体形势：最重要的是打破敌方的平衡，"其余的都无关紧要"。他常常对士气相对于物质因素的重要性进行论述，其中最有用的或许是他在1808年的著述："在战争的决定因素中，人的性格和人际关系占四分之三，而人力和物质资料的对比仅占四分之一。"

作战军体系使拿破仑得以践行他最为看重的三个战略概念。"进攻包围战"概念指的是将敌军钳制在阵地上，同时攻击其侧翼或者后方。根据"中心位置战略"，

拿破仑将本方部队部署在两个对手之间，然后实施机动转换，依次战胜对手。根据“战略突破”概念，拿破仑将率军迅速穿过敌方的防御警戒线，控制作战中心，然后在形势许可时就此实施另一场战略行动。这些只是想法而不是规则。拿破仑通过这些战略概念的结合，展现出他真正的天赋。

下图：奥拉齐·韦尔内描绘了瓦格拉姆战役第二天处在危机时刻的拿破仑。当时，拿破仑刚刚看到达武的部队阵型越过了马克格拉夫诺伊锡德尔教堂，就知道发动总攻的时刻到了。

耶拿战役

耶拿战役是作战行动快速果断的典范，可与20世纪的“闪电战”相媲美。

拿破仑在奥斯特里茨战役的胜利，使得原本打算在反法联盟军队不出意料地获胜时参战的普鲁士国王腓特烈·威廉三世在此刻处于无能为力的境地。拿破仑向普鲁士强加了苛刻的条件，剥夺了它的领土，并且迫使它加入法国致力于进一步孤立英国的联盟体系。然而，并非所有

我仍然能够看到前线的第16和第7轻骑兵团以及第14和第27步兵团冒着霰弹和步枪火力的暴戾，向敌军推进。战火的喧嚣声已经盖过了乐队的演奏，但并未漏过一个音符。

——查尔斯·帕奎因中校

左图：近卫军掷弹兵在耶拿向拿破仑举枪致敬。近卫军在当天并未投入战斗，为此颇有个性地发起牢骚。拿破仑回应道：“只有嘴边没毛的孩子才会事先臆想我将要采取的行动。让他等等，等到他指挥了30场激战，再看他还敢不敢给我出主意。”

上图：1806年10月27日，拿破仑在进入柏林的当天穿过勃兰登堡门。画家查尔斯·梅尼埃在图中恰如其分地绘制了拿破仑身着他最喜爱的近卫军龙骑兵绿色军服。

普鲁士人都接受这些条件。路易丝王后就有着坚强的意志——拿破仑称她为“普鲁士唯一真正的男人”，在她的周围聚集了一个爱国者团体。有消息称，拿破仑打算撕毁新近达成的协议，加之近期泛德意志民族主义思潮暗流涌动，使得普鲁士逐渐迈向战争的边缘。普鲁士军队享有盛誉。不过，此后的著名军事理论家、当时仅担任作战团副官的克劳塞维茨对普军的评价却是“金玉其外，败絮其中”。

1806年8月，普军及其萨克森盟军集结了3个野战军团，企图向部署在德意志南部大片地区的法军部队发动进攻。其中，布伦瑞克率领1个军团集中在瑙姆伯格和莱比锡之间；霍恩洛厄率领1个军团部署在德累斯顿周围；另一支规模相对较小的部队在吕谢尔和布吕歇尔的率领下聚集在米尔豪森和哥廷根。普鲁士总共调集了17.1万兵力和300门火炮。普军在准备按计划向维尔茨堡推进时，得知拿破仑已经在行动，目标似乎是萨克森。随后，普军决定在萨勒河以西集结，企图威胁拿破仑的左翼。鲁莽的霍恩洛厄抓住机会，将部分部队向前急速推进。

拿破仑已经下定决心，鉴于俄国在奥斯特里茨战役之后并未提出和解，因此必须赶在俄军实施干预之前打败普军。他决定将兵力集中在班贝克—普福尔茨海姆—拜罗伊特—克洛纳赫地区的图林根森林背后，随后向莱比锡开进。法军总兵力达18万人，呈三路纵队行进，并确保相互支援。拿破仑将他的作战阵型称为“兵团方阵”，即能够应对敌方从任何方向实施的攻击，并且迅速集中兵力打击敌军。法军将在莱茵河上游发动佯攻，使普军捉摸不定。

10月10日，法军在萨尔菲尔德遭遇到路易斯·费迪南德亲王率领的霍恩洛厄先头部队。普军寡不敌众，溃不成军。费迪南德亲王在试图阻止部队溃败时被打死。先头部队的战败使霍恩洛厄被迫后退至耶拿。与此同时，布伦瑞克和腓特烈·威廉决定将部队集中在魏玛。虽然在行军纵队前面实施机动的法军轻骑兵已经尽了最大的努力使拿破仑保持信息畅通，但他仍然不能确定普军的部署。拿破仑知道普鲁士在耶拿周围部署了强大的兵力，但实际上包括布伦瑞克在内的普军主力远在后方的奥尔施泰特，这也使得即将到来的战役高潮显得有些黯淡。

10月14日晨，拿破仑向耶拿北部的

上图：拿破仑并不是最善于驾驭马匹的骑手，可能难以控制胯下的阿拉伯马的欢跳雀跃。但他的出现还是使部署在耶拿以北准备参战的法军部队受到鼓舞。

左图：这位画家对战场足够了解。他恰当地在兰德格拉芬堡高地（右上侧）配置了一些法军火炮，并且很好地设置了步兵的战线。不过，他还是过分地发挥了想象力，将拿破仑身着的服装画成黄色。

高地发动进攻，他以为普军主力部队部署在此，因此派遣达武和贝尔纳多特向右侧大范围迂回攻击普军侧翼和后方。当天发生了两场各具特色的交战。拿破仑以9.6万人之众与6.6万人的普鲁士和萨克森军队进行激战。法军集中优势兵力，且战术灵活；普军虽然表现出固有的顽强和勇猛，但仍然无法抵挡。在奥尔施泰特，达武与布伦瑞克进行较量。达武的兵力处于劣势——有一种颇具争议的说法称，他未能得到贝尔纳多特的支援，因为贝尔纳多特与他不和。法军仅有2.7万人，而普军可能有5万人。但达武以坚韧不拔的勇气和灵活多变的战术，打败了布伦瑞克。

拿破仑抓紧利用这两场胜利的有利时机扩大战果。10月25日，达武率领他的作战军穿过柏林。在随后的几个星期里，普鲁士残余的野战部队和要塞也被收拾干净。10月下旬，什切青陷落；11月，汉堡失守：一些普军残余人员越过奥得河与俄军会合。长期以来，被许多国家视为标杆的普鲁士军队，此时已经全面溃败。

路易斯·尼古拉斯·达武
（1770—1823年）

达武是一位贵族骑兵军官。他拥护法国大革命，尽管在此期间他的职业生涯受到挫折。他于1793年成为将军，在驻埃及法军部队服役，后受命指挥执政官近卫军。达武于1804年晋升为元帅。他是一位模范军长，在1806年奥尔施泰特战役和1809年埃克米尔战役中以智取胜，并先后因此被册封为公爵和亲王。达武坚强不屈，被称为“钢铁元帅”，可能也具备独立指挥的能力。不过，拿破仑虽然尊重他的才干，却并不愿意其下属过于风光，因此从未给予他独立指挥作战的机会。

右图：这份文件的其中一页记载了拿破仑大军的日常编制员额。

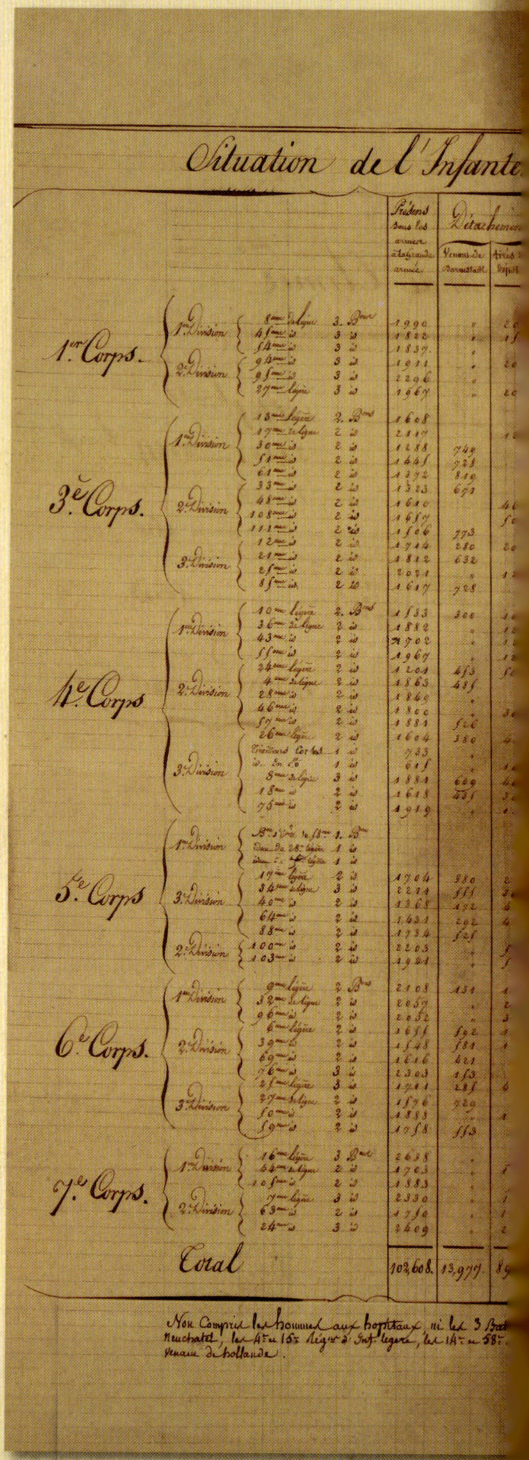

Grande Armée.

Situation de la Cavalerie.

Corps	Régiments	Comp.	Présens sous les Armes à la Grande Armée — Hommes	Chevaux	Détachemens venant de Darmstadt — Hommes	Chevaux	Détachemens tirés des Dépôts — Hommes	Chevaux	Total par Régiment après l'arrivée des Détachemens — Hommes	Chevaux	Total par Corps d'Armée après l'arrivée des Détachemens — Hommes	Chevaux
1er Corps	4e Hussards	4 Cies	730	636	.	.	10	10	740	646	2857	2680
	5e d°	4 d°	673	674	.	.	200	200	873	874		
	5e Chasseurs	4 d°	604	582	.	.	.	.	604	582		
	2e Hussards	4 d°	620	558	.	.	20	20	640	578		
3e Corps	7e Hussards	4 Cies	435	461	244	213	30	30	709	704	2537	2625
	1er Chasseurs	4 d°	426	471	.	.	140	140	566	611		
	2e d°	4 d°	405	420	.	.	250	250	655	670		
	12e d°	4 d°	426	455	81	85	100	100	607	640		
4e Corps	8e Hussards	4 Cies	540	434	.	.	130	130	670	564	2546	2303
	11e Chasseurs	4 d°	548	533	.	.	110	110	658	643		
	16e d°	4 d°	499	430	51	52	150	150	700	632		
	22e d°	4 d°	329	271	79	83	110	110	518	464		
5e Corps	9e Hussards	4 Cies	437	467	62	64	100	100	599	631	2584	2552
	10e d°	3 d°	262	281	171	179	160	160	593	620		
	13e Chasseurs	3 d°	411	341	122	129	180	180	713	650		
	21e d°	3 d°	411	481	33	35	235	235	679	751		
6e Corps	3e Hussards	4 Cies	328	247	105	106	180	180	613	633	1367	1330
	10e Chasseurs	4 d°	469	409	85	88	200	180	754	697		
7e Corps	1er Hussards	4 Cies	380	391	104	110	60	60	544	561	1217	1263
	9e Chasseurs	4 d°	613	642	.	.	60	60	673	702		
1re Division de Cavalerie	1er Carabiniers	4 Cies	376	389	.	.	210	210	586	599	3410	3444
	2e d°	4	380	399	.	.	180	180	560	579		
	2e Cuirassiers	4	458	475	.	.	100	100	558	575		
	3e d°	4	412	393	.	.	150	150	562	543		
	9e d°	4	404	404	128	125	80	80	612	609		
	12e d°	4	384	392	28	27	120	120	532	539		
2e Division de Cavalerie	1er Cuirassiers	4 Cies	373	419	.	.	180	180	553	599	2147	2243
	5e d°	4	409	413	.	.	.	.	409	413		
	10e d°	4	371	393	59	60	200	200	630	653		
	11e d°	4	332	351	63	67	160	160	555	578		
1re Division de Dragons	1er Dragons	3 Cies	449	501	4	5	.	.	453	506	2504	2753
	2e d°	4	368	402	99	96	130	130	597	628		
	14e d°	3	359	400	98	97	80	80	537	577		
	20e d°	4	308	405	43	46	160	160	511	611		
	26e d°	4	410	438	46	43	50	50	506	531		
2e Division de Dragons	3e Dragons	4 Cies	497	391	38	41	60	60	595	492	–	
	6e d°	4	361	358	64	59	160	160	585	577		
	10e d°	4	461	490	.	.	.	.	461	490	3480	3420.
	11e d°	4	395	393	75	72	110	110	580	575		
	13e d°	4	442	462	71	71	100	100	613	633		
	22e d°	3	412	412	74	81	160	160	646	653		
3e Division de Dragons	5e Dragons	3 Cies	423	439	29	31	60	60	512	530	3441	3426
	8e d°	4	407	419	62	68	150	150	619	637		
	12e d°	4	384	392	49	50	100	100	532	542		
	9e d°	4	540	455	23	24	60	60	623	539		
	16e d°	4	436	436	.	.	150	150	586	586		
	21e d°	4	448	472	.	.	120	120	568	592		
4e Division de Dragons	15e Dragons	4 Cies	413	469	17	21	60	60	490	550	3541	3616
	17e d°	4	395	395	34	27	120	120	549	552		
	18e d°	3	444	486	15	17	80	80	539	583		
	19e d°	4	589	554	7	12	200	200	796	766		
	25e d°	3	486	479	15	17	90	90	591	586		
	27e d°	3	426	429	.	.	150	150	576	579		
Total			23218	23209	2278	2311.	6135.	6135.	31,631	31,655.	31,631.	31,655

Non Compris les hommes aux hopitaux ni le 26e de Chasseurs et le 4e de Dragons qui sont rentrés en france.

Situation de l'Artillerie.

Désignation des Corps et nombre de Compies qu'ils ont à la Grande Armée	Présens sous les Armes à la Grande Armée — Hommes	Chevaux	Détachemens à recevoir pour porter les Compies au complet — Hommes	Chevaux	Compagnies qui ont ordre de rejoindre — Compies	Hommes	Chevaux	Total après l'arrivée des Renforts — Hommes	Chevaux d'Artillerie	Chevaux du Train
Artillerie à Pied.										
1er régimt 8. Cies	781	.	115	.	3. Cies	360	.	1256	.	
3e régimt 4. Cies	369	.	102	.	.	.	.	471	.	
5e régimt 10. Cies	956	.	152	.	1. Cie	120	.	1228	.	
6e régimt 5. Cies	450	.	111	.	2. Cies	240	.	801	.	
7e régimt 8. Cies	782	.	112	.	2. Cies	240	.	1134	.	
8e régimt 2. Cies	158	.	66	.	.	.	.	224	.	
Total	3496.	.	658.	.	.	960	.	5114.	.	
Artillerie à Cheval.										
2e régimt 4. Cies	353	254	.	.	2. Cies	150	150	503	404	
3e régimt 4. Cies	312	275	.	.	2. Cies	140	85	452	360	
5e régimt 4. Cies	384	332	.	.	1. Cie	60	80	444	412	
6e régimt 3. Cies	275	224	.	.	1. Cie	80	120	355	334	
Total	1324	1075	.	.	.	430	435	1754	1510.	
Ouvriers, Armuriers, Pontonniers.										
5. Cies ½ d'ouvriers	530	.	.	.	2½ Cies	109	.	639	.	
1. Cie d'Armuriers	57	.	.	.	.	.	.	57	.	
8. Cies de pontonniers	629	.	.	.	.	.	.	629	.	
Total	1216	.	.	.	.	109	.	1325	.	

Bataillons du Train.

Désignation	Hommes	Chevaux du Train — de Selle	de Trait	à réformer	Compies	Hommes	Chevaux	Total — Hommes	Chevaux d'Artillerie	Chevaux du Train
1er Bon 6. Cies	536	63	667	17	.	.	.	536	.	747
1er Bis 6. Cies	586	64	855	35	.	.	.	586	.	954
2e Bon 6. Cies	590	62	927	32	.	.	.	590	.	1021
2e Bis 6. Cies	557	62	702	59	.	.	.	557	.	823
3e Bon 6. Cies	594	63	835	60	.	.	.	594	.	958
3e Bis 6. Cies	681.	61	688	82	.	.	.	681	.	831
5e Bon 6. Cies	530.	82	754	79	.	.	.	530	.	915
5e Bis 6. Cies	493.	59	493	56	.	.	.	493	.	608
8e Bon 6. Cies	558	60	663	.	.	.	.	558	.	723
8e Bis 5. Cies	481	54	664	165	1. Cie	96.	68.	577	.	916
9e Bon					6. Cies	551	600	551	.	600
Train de réquisition	609	34	1088	25				609	.	1147
Total	6065.	664	8341	590		647	648	6712	.	10,243

Non compris 231. chevaux d'officiers ni les hommes et chevaux qui pourront être repris de l'Équipage [illegible] et l'Entreprise [illegible] –

Troupes du Génie.

Désignation	Hommes	Chevaux	Hommes	Chevaux	Compies	Hommes	Chevaux	Total — Hommes	Chevaux d'Artillerie	Chevaux du Train
Sapeurs et Mineurs	1181	.	.	.	.	1140	.	2321.		

Total ..... 13282. Hommes présens; Chevaux: 1075. d'artie, 8341. du train, 590. à réformer, 664. de selle, 231. d'officiers; 3944. Hommes qui ont ordre de rejoindre et 435. chx d'artillerie, 648. chx du train.

Total après l'arrivée des détachemens — 17226. hom. 1510. chx d'artie 10,243. chx du train.

Non Compris les hommes aux hopitaux.

拿破仑大军

拿破仑大军是一支庞大的多国部队，建有复杂的指挥机构，但该部队完全听命于拿破仑的指挥。

法兰西共和国军队曾经按照地域命名，例如北方军团、后备军团和意大利军团。这一规则在法兰西帝国得到了延续。法国的主力部队通常由拿破仑亲自指挥，被称为“拿破仑大军”——这个名称现在已经更多地用于指代当时的法国军队。不过，拿破仑大军并不仅仅包括法军。在 1805 年的战役中，巴伐利亚、符腾堡和巴登各有一个师被编入后备军。在拿破仑大军 1812 年侵俄战争中，奥地利、巴登、巴伐利亚、克罗地亚、荷兰、黑森、伊利里亚、意大利、梅克伦堡、那不勒斯、波兰、葡萄牙、普鲁士、萨克森、西班牙、瑞士、威斯特伐利亚和符腾堡均派部队参加，更不用说还有来自贝尔格大

公爵和德意志小诸侯国的官兵。

其中一些国家提供的部队被证明能够靠得住。波兰人对拿破仑有着亲近感，在很大程度上是因为拿破仑以华沙大公国的名义帮助波兰人恢复了他们的国家——波兰曾三次被贪婪的邻国瓜分。在 1811 年的阿尔布埃拉战役中，正是波兰维斯瓦军团第 1 枪骑兵团向科博恩的英军作战旅实施了如此毁灭性的打击。但在另一个极端，普鲁士的合作基本上是不情不愿。1812 年 12 月，正是普鲁士将军约克决定缔结《陶罗根条约》，从而使拿破仑强加于欧洲的联盟体系开始土崩瓦解。

拿破仑大军这个多语言、多肤色军事组织的核心，是“帝国总指挥部”——即拿破仑的军事指挥部。其中有三位关键人物，分别是参谋长贝尔蒂埃，负责王室运转的宫廷大总管杜洛克，以及掌管从马厩

左上图：自 1804 年起，如图中所示的镀金铜鹰被置于法军军旗的顶部。1811 年，英军第 87 步兵团帕特·马斯特森中士打死了法军旗手埃德姆·吉耶曼少尉，缴获了法军军旗。他高喊道：“天啊！弟兄们，我夺得了法军鹰旗！”这也是英军缴获的为数不多的几面法军军旗之一。

左下图：法国执政官近卫军在马伦戈战场岿然不动。掷弹兵在装填弹药和开火。在方阵中，面朝右侧的第一人正在咬掉枪弹头，而面朝左侧的第一人正在填塞弹药。

路易斯·亚历山大·贝尔蒂埃
（1753—1815 年）

贝尔蒂埃于1766年开始从军服役，担任地质工程师，很快晋升至中校军衔。他在1792—1795年期间被停职，之后被重新任用，担任驻意大利陆军部队参谋长，开始与拿破仑建立了关系，一直延续至1814年。贝尔蒂埃的真正本领在于作为参谋长，能够对拿破仑的“神来之笔”进行解读。不过，贝尔蒂埃缺乏独立指挥的能力。拿破仑将贝尔蒂埃册封为纳沙泰尔亲王，但对后者1814年叛变投降路易十八非常震怒。1815年，由于错过了滑铁卢战役而抑郁寡欢，贝尔蒂埃跳窗自杀——也有可能是被人扔出窗外。

HONNEUR ET PATRIE

左上图："让这些可怜的少年与欧洲国家严阵以待的军队交战……这近乎是犯罪。然而，这些少年也将融入拿破仑的传奇故事。"拉菲特在这幅画中描绘了拿破仑与1814年招募的十多岁的新兵马利·路易斯在一起的情景。当时马利·路易斯的台词字幕是："陛下，我们值得您信赖，就像近卫军一样。"

左中图：1802年设立的荣誉军团勋章分为几个等级。其中最高等级为"雄鹰"图案（还有各种大型十字和大型绶带），获此殊荣者将佩戴勋章和红色宽饰带。

左下图：1807年11月25日，贝西埃尔元帅在赢得东普鲁士战役胜利后，带领拿破仑大军穿过维尔勒特关卡，开始了进入巴黎的入城仪式。

上图：1812—1814年，战列步兵团的一名"雄鹰"勋章佩戴者与卫兵在一起。

到信使和护卫在内的所有骑兵事务的骑兵统帅科兰古。还有少数高级将领和副官可能被安排执行特殊任务；身旁有年轻的传令官来传递信息。皇帝的私人机构包括3名私人秘书，需要夜以继日地记录命令。地形测绘办公室在井井有条的巴克莱·达尔布领导下，负责绘制地图，更新态势图。

拿破仑常常带着他的小型指挥部骑马外出，随行人员包括贝尔蒂埃、科兰古、值勤军官、2名副官、2名传令官、1名王室侍从、1名携带皇帝望远镜的随从、1名携带地图夹和罗盘的骑兵、贴身警卫马穆鲁克·鲁斯坦、在开罗被当作礼物赠送给拿破仑的1名前奴隶、1名马夫和1名译者。还有4个中队的近卫军骑兵紧随其后。如果是长途旅行，拿破仑将坐在轻型车厢里。如果是更重要的出行，拿破仑则将使用驿车，内有折叠床、办公桌和书架，甚至还会藏有钻石，以备他的帝国被颠覆时用于应急。

拿破仑大军指挥部的规模相比之下要大得多（在1812年有3500名军官，人数达1万人），包括贝尔蒂埃的私人参谋和私人办公室，大军总参谋部下属的3个部门职责界定宽泛——第一部负责作战；第二部负责给养、住宿和医疗；第三部负责战俘、新兵和军事司法。这并非现代意义上的指挥部：机构设置重叠，部门工作重复，从贝尔蒂埃以下所有人员均不得"先

上图：拿破仑认识到，尽管一些人将奖章蔑称为“不值钱的小玩意儿”，“但你正是通过这些‘小玩意儿’对军民实施领导”。这幅畅销画作描绘的是拿破仑在战场上向一名士兵授勋，这是英勇和奖赏的完美象征。

斩后奏”：整个部队完全听从于拿破仑的指挥。

在作战期间，拿破仑每天工作18小时。他在下半夜对前一天的报告进行批阅。拿破仑仅能入睡很短的时间，之后就要在上午处理日常工作（有些并非军务，因为拿破仑不仅是军队统帅，而且是国家元首）、命令和急件，在下午骑马视察部队。这种工作方式形成了他的日常活动。各军军长在上午接到骑兵传令官传达的书面命令，之后依令行事，并在傍晚上交报告。拿破仑会同时下达数道命令，这种指挥风格让人很难确定下属是否真正理解计划的精髓：其中最典型的事例莫过于拿破仑在滑铁卢战役之前向格鲁希下达的模棱两可的命令。

亲自视察的重要性基本不亚于书面命令。拿破仑是一位出色的交流者，可能还有些做作。他的官兵们珍视他的褒奖，也会因为他的斥责而焦虑不安。如果说拿破仑的指挥部能够推动大军前进，那是因为身材矮小的拿破仑身着灰色骑装、操着他的言语韵律出现在军中，使战士们心潮澎湃，使部队精神振奋。

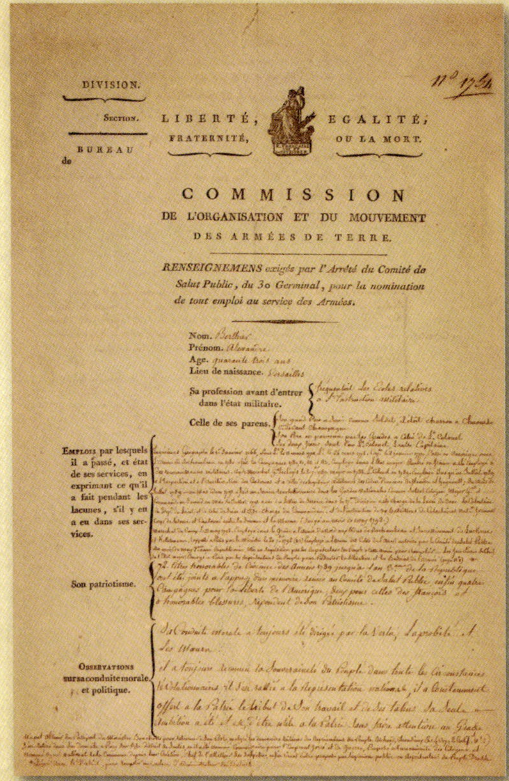

DIVISION.

SECTION.

BUREAU de

LIBERTÉ, EGALITÉ; FRATERNITÉ, OU LA MORT.

N° 1754

COMMISSION

DE L'ORGANISATION ET DU MOUVEMENT DES ARMÉES DE TERRE.

RENSEIGNEMENS exigés par l'Arrêté du Comité de Salut Public, du 30 Germinal, pour la nomination de tout emploi au service des Armées.

Nom. Berthier

Prénom. Alexandre

Age. quarante trois ans

Lieu de naissance. Versailles

Sa profession avant d'entrer dans l'état militaire.

Celle de ses parens.

EMPLOIS par lesquels il a passé, et état de ses services, en exprimant ce qu'il a fait pendant les lacunes, s'il y en a eu dans ses services.

Son patriotisme.

OBSERVATIONS sur sa conduite morale et politique.

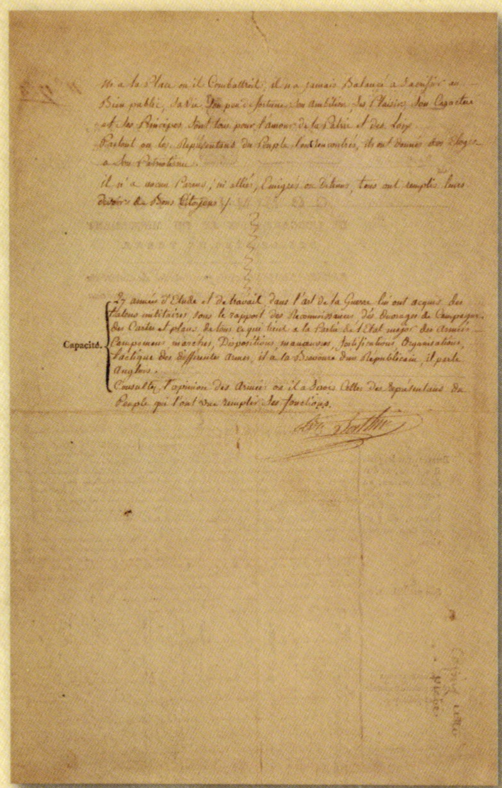

Capacité.

上图：在贝尔蒂埃的服役记录中，有关于他道德和政治表现的溢美之词：“他毫不犹豫地将生命献给公共事业……全身心地投入到对祖国、对法律的热爱，这就是他的原则。”

下图：1804 年 8 月 16 日，拿破仑在布伦军营颁发荣誉军团勋章。

从柏林到提尔西特

拿破仑在埃劳战役和弗里德兰战役中获得的决定性胜利在提尔西特达到巅峰：拿破仑将条件强加给俄国沙皇和普鲁士国王。

在耶拿—奥尔施泰特，拿破仑赢得了战役，但并未赢得战争。普鲁士国王在哥尼斯堡平安无事，俄国沙皇也在哥尼斯堡平安无事。俄国持敌对态度，奥地利虽然持中立立场，但并不能确保一直按兵不动。拿破仑将第四次反法联盟的残存归咎于英国的经济支持，于 1806 年签署了《柏林敕令》，下令欧洲大陆所有港口对英国货物关闭，这也是后来人们所熟知的“大陆封锁体系”的开端。英国于 1807 年年初采取反制措施，通过议会法令宣布对法国及其盟国实施封锁：如果在拦截的中立国船只上发现载有禁运品，将予以没收。

1806 年 11 月下旬，拿破仑以宽阔的阵线向东推进，于 11 月 28 日占领华沙，建立了中央阵地，对付可能出现的贝尼格森的俄军部队。当年 12 月，拿破仑企图在华沙东北对贝尼格森的部队实施包围，却

左图：6月25日，拿破仑与俄皇亚历山大在涅曼河的一艘木筏上会面，开始就《提尔西特条约》的条款进行谈判。

上图：奥拉齐·韦尔内具有深刻象征意义的画作，描绘的是拿破仑在弗里德兰战场。当时，拿破仑策马登上俄军阵地，经过一群被俘的俄军军官：在马下，一名法军轻骑兵手里拿着缴获的佩剑。

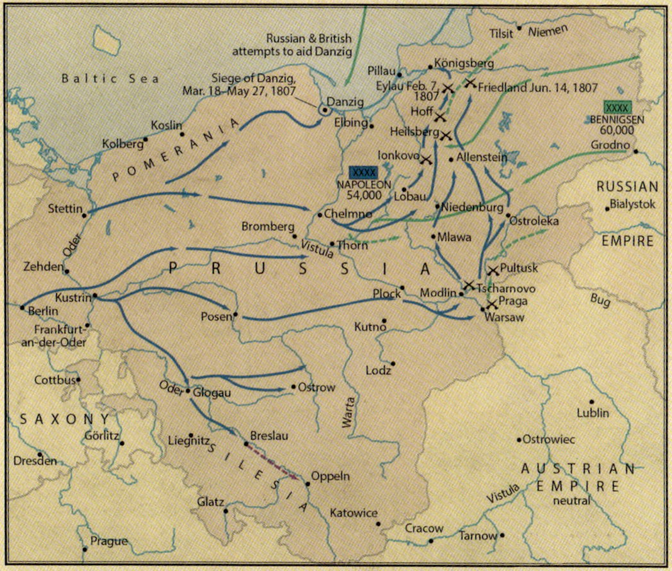

普鲁士战役（1806—1807年）

法军前进路线 俄军前进和后撤路线 普军后撤路线 法军围攻行动路线

以失败而告终。1807年2月初，拿破仑差点在阿勒河追上贝尼格森。当俄军2月7日驻足在埃劳时，拿破仑冒着恶劣的天气集中力量向俄军发动进攻。当天的战斗围绕着埃劳进行争夺，不过我们无法确定这是否是拿破仑的本意。

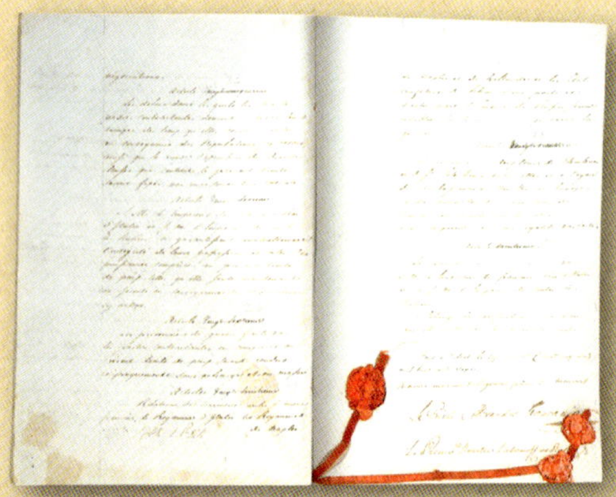

法俄两军的大多数官兵在野外度过了悲惨的夜晚。第二天上午，法军冒着大雪发动进攻。起初法军兵力占优，但随着增援部队的抵达，两军人数均增至7.5万人。拿破仑希望能够使用还在途中的达武军击退贝尼格森的左翼部队，然后向俄军中央发动进攻，在本方军队实施机动的同时，将俄军牢牢控制在阵地上。然而，俄军在达武尚未做好准备的情况下就与拿破仑部队的两翼开始交战。于是拿破仑派遣奥热罗去对付俄军的中左翼，结果奥热罗的部队在雪地里迷失了方向，径直进入俄军的大规模炮兵阵地。俄军在实施阻击后动用步兵进行反攻，将法军残余人员赶了回去。拿破仑转而出动骑兵，在当天上午晚些时候命令缪拉向正在埃劳推进的俄军大规模步兵部队发动进攻。

缪拉的攻击行动深深楔入俄军的中央，争取到了宝贵时间。随着达武迫使俄军左翼部队后退，优势最先倒向了法军；之后，莱斯托克率领普军向达武脆弱的侧翼发动袭击，优势又倒向了俄军。但就在当天即将落幕时，内伊的作战军赶到法军左翼。尽管该军被击退，但却使法军的士气得到了振奋。当天夜里，莱斯托克决定撤退，他损失了大约1.5万名官兵，比法军的损失小，法军损失可能总计达2.5万人。就连内伊都对战场的景象感到震撼："这真是一场大屠杀！而且没有结果。"

拿破仑将他的部队安置在冬季营地，仔细考虑下一步行动。为了补充损失，法军需要调集增援力量：1808年的一些适龄新兵被提前18个月征召，1807年的新兵也开始赶来会合。勒费弗尔被派去围攻但泽，并于当年5月攻占该城。但到了6月，法军在阿勒河海尔斯堡的一次大规模作战行动中遭到惨败。随后，拿破仑判断贝尼格森正向哥尼斯堡进发（当时由莱斯托克驻守），于是计划进行一次大范围的包围左图：附有签署国盖章的《提尔西特条约》文本。该条约签署于7月7日，要求俄国保证服从拿破仑针对英国的大陆封锁体系。

皮埃尔·弗朗索瓦·夏尔·奥热罗（1757—1816年）

奥热罗是一位家仆的儿子，曾在法国、普鲁士和那不勒斯军队中服役，并担任过剑术教练，在法国大革命之后加入法兰西国家近卫军，于1793年成为军官。1796年，他帮助拿破仑赢得卡斯蒂廖内战役胜利，一举成名，后来将此地作为他的公爵领地。奥热罗于1804年被授予元帅军衔，担任军长，在大范围地区参加作战，常常表现出勇猛冲击和战术天分，但在1807年埃劳战役中遭受惨重损失。1814年，他归附波旁王朝，谴责拿破仑为暴君。1815年，他遭到拿破仑的回绝，并得罪了波旁王朝，去世时没有任何官衔。

行动。但他的这一判断出现错误，后者的企图是赶在法军支援力量到达之前，向位于哥尼斯堡西南弗里德兰的拉纳军发动进攻。6 月 14 日上午，拉纳对哥尼斯堡实施牵制。到了当天下午晚些时候，拿破仑的兵力已足够强大，开始实施进攻。尽管法军骑兵的攻击未能粉碎俄军最后的抵抗，但当天的战果仍然引人注目：法军以损失 8000 人的代价打死打伤俄军近 2 万人。

当年 6 月底至 7 月初，在俄普边境涅曼河的提尔西特，拿破仑与俄皇亚历山大会面——普鲁士国王则在此次三方会谈中惴惴不安。经过商议，普鲁士成为真正的输家，边远地区的领土大部分被剥夺，还要支付巨额的战争赔偿。拿破仑开始将注意力转向西线，他确信已与俄皇达成默契：这也许是他成功的顶点。

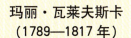

玛丽·瓦莱夫斯卡
（1789—1817年）

玛丽嫁给了年长她许多的瓦莱夫斯卡伯爵。1807年她遇见拿破仑时，一头金发立刻给拿破仑留下了深刻印象。她应邀参加在波兰举办的皇家舞会，随即收到了拿破仑表达强烈感情的小纸条。一些波兰爱国者强迫她委身于拿破仑，希望能够借此劝说他更公平地对待波兰。拿破仑向她保证："如果你能怜悯我可怜的心灵，你的国家将使我感到更亲近。"他们成为了情人，她还为拿破仑生了儿子亚历山大。他们之间的关系中有着真正的爱情，她还曾去厄尔巴岛探望拿破仑。玛丽于1816年再婚，后在巴黎死于难产：她的心脏被埋葬在巴黎，但她的遗体被运回波兰。

左图：拿破仑在埃劳战役后的第二天经过战场，他对苏尔特坦言道："元帅，俄国人把我们害惨了。"苏尔特回答道："我们也让他们吃了苦头，我们的子弹可不是棉花做的。"

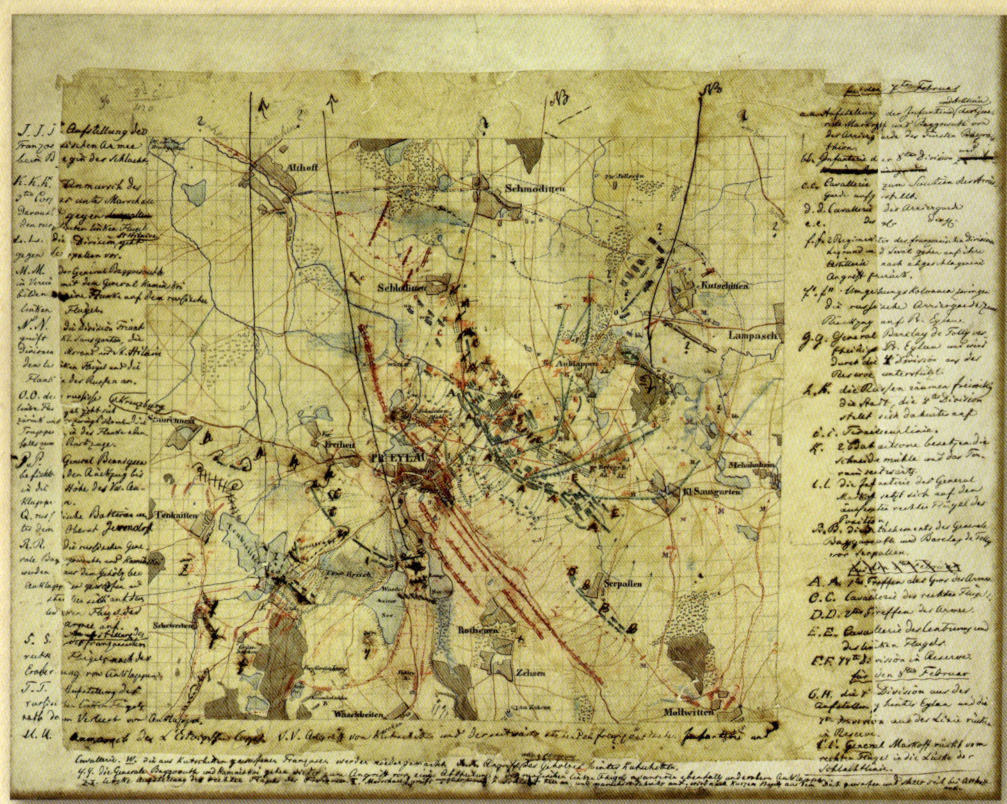

上图：普鲁士军队地图上的标注，描述了1807年2月7—8日埃劳战役中部队的关键性行动情况。

下图：在缪拉向埃劳发起冲锋之后，拿破仑派遣近卫军骑兵部队前去巩固战果。西蒙·福特的画作展现了骑兵部队向前行进的场景：请注意前景左侧的骑乘炮兵部队，还有地平线上的埃劳教堂。

LIBERTÉ, EGALITÉ
FRATERNITÉ, OU LA MORT.

骑 兵

拿破仑组建了一支强大的骑兵部队，其中最引人注目的是重装胸甲骑兵。骑兵在战场上发挥了非常重要的作用，但对后勤支援的需求也非常高。

在法兰西帝国军队中有三种类型的骑兵。其中胸甲骑兵可能最为独特。在1799年的25个重装骑兵团中，只有1个团身着胸甲。盔甲被视为陈旧过时，而拿破仑的胸甲骑兵正是从这一微不足道的开端发展起来。从1802年起，胸甲骑兵得到了大量扩充，第1至12团在次年被确定为胸甲骑兵团。第13至18团为龙骑兵。其余各骑兵团解散，人员被分配至新组建的胸甲骑兵团。1809年，第13胸甲骑兵团得以组建。1810年，某荷兰团成为第14胸甲骑兵团。还有2个团的卡拉宾骑兵（因少有的配备卡宾枪而被如此称呼的重装骑兵）仍然保留着他们的头衔，但自从1810年起开始装备胸甲。

> 仅仅在敌军的前方和后方乱砍乱杀并没有多少用处。直到我们中间一些更聪明的人通过精确瞄准的刺杀和手枪射击，将对方的一些官兵打下马，才在其密集方阵中打开了缺口。
>
> ——西里西亚胸甲骑兵、士官恩斯特·冯·加伏龙这样描绘1813年对法军龙骑兵部队采取的一次行动

重装骑兵能够通过攻击行动的冲击力，突破对方骑兵或步兵部队的防线。而胸甲骑兵的胸甲和背甲，以及用毛皮头巾包裹的不锈钢头盔，被认为能够使骑兵在白刃战中占据优势。不过，曾在滑铁卢战役中与胸甲骑兵交过手的一位英军军官却认为：“这种装备累赘而不方便……在面对炮击或是近距离步枪平射时，根本起不到保护作用——头部、喉部和腿部无遮无挡，必然成为优秀剑客的攻

安托万·夏尔·路易·拉萨尔

（1775—1809 年）

拉萨尔是一位贵族，在大革命中失去了职权，后来参军入伍，再度成为军官。1796年，他在意大利战场奥军防线后方与情妇约会，被发现后杀出重围。在里沃利，他不顾重重困难发起攻击，重创敌军一个旅。1806年，他虚张声势，诱使什切青重镇投降。1808年在西班牙麦德林的战斗中，他以一往无前的攻击行动扭转了战局。拉萨尔坚持认为，轻骑兵能活到30岁的都是恶棍。他在瓦格拉姆战役中带头向奥军步兵发起冲锋，结果中弹身亡，时年34岁。

击目标。”但具有讽刺意味的是，英国近卫军骑兵队在庆典活动中仍然身着胸甲，英军部队也在拿破仑战争后再度配备了胸甲。

在 18 世纪，军队开始组建轻骑兵部队用于实施侦察和警戒。法国轻骑兵源于猎骑兵——在 1811 年时兵力达到 31 个团，所部官兵效仿法国大革命之前的匈牙利大平原骑手的模样。有几支非正规部队，例如德意志标兵部队和“解放者”轻骑兵部队也被编入正规军。到了 1810 年，法军共有 10 个轻骑兵团，当年还有 1 个荷兰团被编为第 11 轻骑兵团。1814 年，法军又组建了 2 个轻骑兵团。1807 年，波兰枪骑兵被编入法军部队。自 1811 年起，6 个法国枪骑兵团、2 个波兰团以及源自德意志龙骑兵团的第 9 团，很快被增补到法军部队之中。

龙骑兵是一种混合部队。他们起初是骑着马的步兵，此后越来越朝着骑兵的方向发展，从 1791 年的 18 个团发展到 30 个团，尽管在 1811 年有 6 个龙骑兵团改编为枪骑兵团。龙骑兵身着绿色军装，头戴豹皮头巾包裹的铜盔，配备步枪、刺刀和佩剑。通常情况下，马匹的数量并不足以保证所有官兵都能够骑马作战，一些官兵需右图：号兵的军装和坐骑的颜色常常与普通士兵形成鲜明的对比。

下图：《皇帝万岁》。德塔耶最著名的画作之一，展现了第4轻骑兵团在弗里德兰战役中发动冲锋的场景。

左图：10世纪的法国胸甲骑兵军官全副武装准备发动突袭。

右上图：这是埃劳战役中的一件著名的轶事。法兰西帝国近卫军骑兵掷弹兵团的勒皮克上校高喊道："抬起头来：那些子弹不会掉头的！"

右下图：第7轻骑兵团传记作者马塞兰·马尔博上校穿过的土耳其式长外套和裘皮上衣。

要徒步作战，只有在出现机会的时候才能骑上马。

骑兵团像步兵团一样，由上校担任团长，全团员额约为550人。尽管编制体制各不相同，但大多数骑兵团编有一个小型指挥部和8个骑兵连。各连由上尉担任连长，下属官兵约60人。这8个连组成4个中队。第一中队第1连是"精兵连"，常常头戴毛皮高帽以示庆祝。

所有这些骑兵部队均需要不断地进行马匹再补给。1805年3月，达武作战军的1060名骑兵只有700匹马，每个龙骑兵团有300人需要徒步行军。1806年打败普鲁士后，法军骑兵部队通过缴获和征调获得了马匹补充。然而，在1812年的俄国战场，法军人员和马匹均损失惨重。尽管拿破仑的代理商在2个月的时间里采购了2.1万多匹马，但法国对马匹的需求仍然没有间断，虽然有一些自愿捐赠和征用。马匹供应很少能够满足需求：截至1813年2月，一个军马补充所需要2500匹重装骑兵战马，但仅接收到765匹；该所需要600匹龙骑兵战马，仅接收到350匹；该所还需要700匹挽马，仅接收到277匹。如果降低马匹的需求标准，虽然可以获得更多的补充，但常常会使法军骑兵在战场上处于不利的境地。

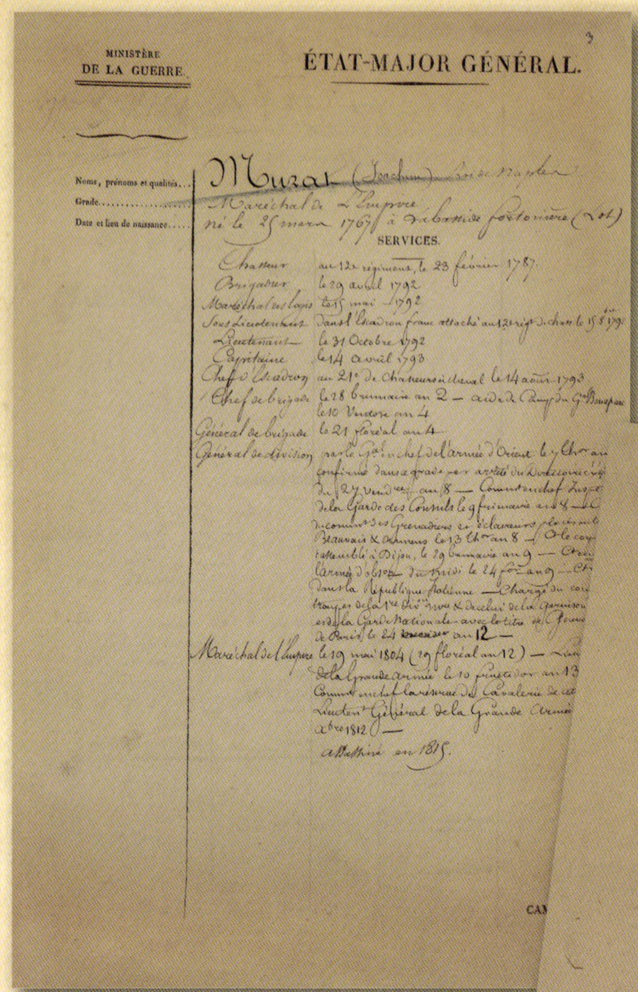

MINISTÈRE DE LA GUERRE

ÉTAT-MAJOR GÉNÉRAL.

Noms, prénoms et qualités: Murat (Joachim) Louis Napoléon

Grade: Maréchal de l'Empire

Date et lieu de naissance: né le 25 mars 1767 à Labastide Fortunière (Lot)

SERVICES.

Chasseur au 12e régiment, le 23 février 1787

Brigadier le 29 avril 1792

Maréchal des logis le 15 mai 1792

Sous Lieutenant

Lieutenant le 31 octobre 1792

Capitaine le 14 avril 1793

Chef d'Escadron au 21e de Chasseurs à cheval le 14 août 1793

Chef de brigade le 28 brumaire an 2 — aide de Camp du Gal Bonaparte le 10 Ventôse an 4

Général de brigade le 21 floréal an 4

Général de division

Maréchal de l'Empire le 19 mai 1804 (29 floréal an 12)

assassiné en 1815.

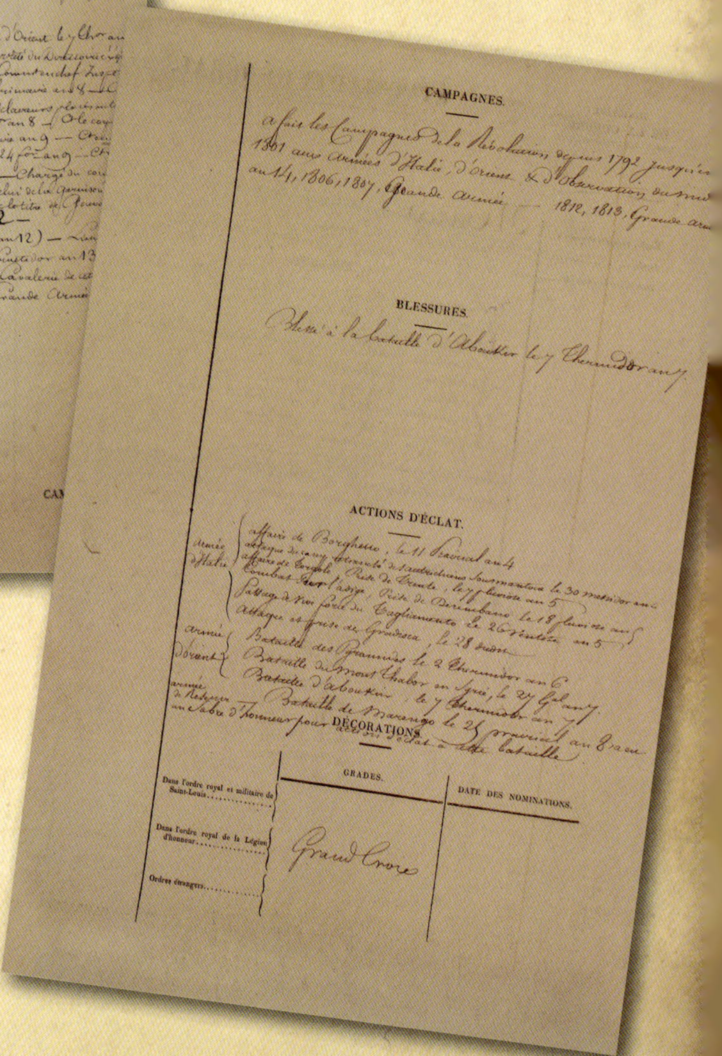

CAMPAGNES.

a fait les Campagnes de la Révolution, depuis 1792 jusqu'en 1801 aux armées d'Italie, d'Orient & d'Observation, an 14, 1806, 1807, Grande armée — 1812, 1813, Grande armée

BLESSURES.

Blessé à la bataille d'Aboukir le 7 thermidor an 7.

ACTIONS D'ÉCLAT.

Armée d'Italie: affaire de Borghetto, le 11 Prairial an 4

Armée d'Orient: Bataille des Pyramides le 2 thermidor an 6; Bataille du Mont Thabor; Bataille d'Aboukir, le 7 thermidor an 7

Armée de Réserve: Bataille de Marengo le 25 prairial an 8

DÉCORATIONS.

	GRADES.	DATE DES NOMINATIONS.
Dans l'ordre royal et militaire de Saint-Louis		
Dans l'ordre royal de la Légion d'honneur	Grand Croix	
Ordres étrangers		

上图和右图：约阿希姆·缪拉的服役记录以图表的形式记载了这位非凡人物惊人的升迁史——从第12轻骑兵团士兵一直升至法兰西帝国元帅。缪拉于1815年死于那不勒斯行刑队的枪下，但这份记录显示他是“被暗杀”。

约阿希姆·缪拉
(1767—1815 年)

缪拉是一位乡村客栈老板的儿子，于1787年参加骑兵部队。他在1792年成为军官，1795年帮助拿破仑处理向巴黎反革命暴徒施放霰弹事件。缪拉后来在意大利担任准将，在埃及担任少将，在指挥向阿布基尔的决定性攻击行动时负伤。1800年，他娶了拿破仑的妹妹卡罗琳·波拿巴，并于1804年成为元帅，1806年成为贝尔格和克莱沃大公爵，1808年成为那不勒斯国王。作为骑兵部队指挥官，缪拉能力超群，但缺乏战略理解力。1814年，他背弃拿破仑，1815年拒绝被法国国王接见，后因企图恢复自己的王国而遭到处决。为了保住颜面，缪拉以其特有的风格命令行刑队向他开枪。

拿破仑在西班牙

拿破仑占领了西班牙，为他的大陆封锁体系提供支撑。他在开始时打败了英国远征军，结果因此形成了“黑洞”，导致法国急需的资源很快被消耗殆尽。

1807年12月，拿破仑颁布了米兰敕令，宣布中立国船只前往英国为“非法”。拿破仑自柏林敕令起开始建立的大陆封锁体系并未能冻结英国的贸易。一些国家无视这一体系，其中，葡萄牙的表现非常引人注意。拿破仑计划入侵葡萄牙，不仅是为了堵上这个漏洞，而且可以使法国获得进入西班牙的跳板——在这个关键时刻，如果西班牙作为法国名义上的盟友需要法国给予有力支持的话。拿破仑集结了一支陆军部队，由朱诺指挥，向葡萄牙摄政王下达了最后通牒。约翰亲王准备接受除了

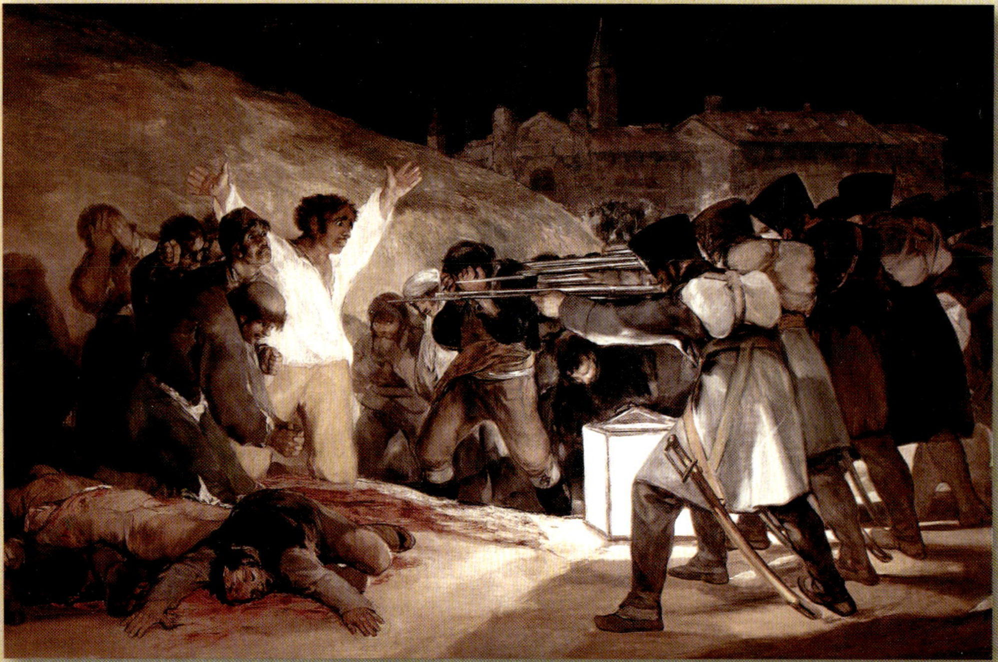

约瑟夫·波拿巴
(1768—1844)

约瑟夫是拿破仑的长兄。他曾在马赛学习律师业务，并为新政权执行外交任务，后来成为那不勒斯国王。作为统治者，约瑟夫体贴仁慈，后于1808年被调任西班牙国王。尽管和蔼可亲的天性帮助他建立了友谊（他被昵称为“乔叔”），但对手们将他描绘成拿破仑的“猫爪”，他本人也对于不能真正独立地行使统治权而心怀怨恨。1813年，他返回自己在莫特方丹的美丽庄园。约瑟夫在滑铁卢战役后移居美国，后于1832年返回欧洲。

左图：弗朗西斯科·戈雅的画作《1808年5月3日夜枪杀起义者》。描绘的是1808年5月2日马德里起义后，西班牙起义者被法军行刑队处决的场景。

其中一条之外的全部条款，这对于拿破仑来说已经足够了。西班牙人准许朱诺于当年9月进入他们的领土。到了10月份，《枫丹白露条约》正式确定了相关讨论好了的机制。朱诺的进展极为顺利，于11月12日通过萨拉曼卡，11月30日进入里斯本。然而，英军的一支分舰队悄悄带走了约翰亲王及其王室成员和葡萄牙舰队。于是朱诺的部属开始进行有组织的劫掠，使这场战役至少能够“从中得到回报”。

拿破仑再度考虑入侵英国。在奥斯特里茨战役之前，他收集了许多用于入侵行动的驳船停泊在土伦，此时，其中的许多艘已经破损，使他基本上没有机会控制英吉利海峡。于是，拿破仑转而决定确保西西里的安全，并派遣一

DOMINE
ET
DA VENIAM

左图：路易斯·勒热纳的画作描绘了1809年萨拉戈萨围攻战中猛攻圣恩格拉西亚修道院的场景。画作捕捉到西班牙抗击法军的精髓：士兵、平民、妇女、教士和僧侣都在参战。

上图：1808年7月23日，杜邦在拜伦投降。此次失败对法国的威望造成了极大损害。拿破仑一直没有原谅杜邦，他的士兵大多在关押期间被饿死。

支陆军部队经西班牙进入直布罗陀和北非，从而切断了英国对地中海的控制。他还向东派遣一支舰队以破坏英国的贸易。驻西班牙法军部队通过运用各种计策，控制了关键要塞。1808年5月，拿破仑逼迫查理四世国王和他的儿子费迪南德退位，并把他们连同颇具影响力的王室红人曼努埃尔·戈多伊一道赶到法国流放。拿破仑曾邀请他的弟弟路易和吕西安填补西班牙王位的空缺，遭到此二人的拒绝。之后，他要求他的哥哥、那不勒斯国王约瑟夫前往马德里，并将那不勒斯的王位转授给他的妹婿、骑兵部队指挥官约阿希姆·缪拉。

法国在西班牙的情况已经不妙。1808年5月2日，马德里举行了抗击占领者的起义，并且在蔓延。许多民事官员和军事指挥官担心平民主义者在起义中得到迅速

左图：约翰·摩尔的望远镜。

右图：1808年11月30日，拿破仑强行通过瓜达拉马山脉索莫谢拉隘口。尽管此次行动以波兰轻骑兵的突击行动而闻名，但这座隘口实际上是在步兵与骑兵的协同进攻行动中打通的。

发展，但地方军政府鼓励民众为了深得人心的费迪南德，为了国家，为了信念而奋起反抗。英国人迅速抓住机会，将西班牙的一个作战军从波罗的海调回国，并将韦尔斯利派到葡萄牙。8月21日，韦尔斯利在维梅罗重创朱诺。韦尔斯利与接替他的两位高级将领一道签署了《辛特拉条约》，同意法军乘英军舰船撤出葡萄牙。该条约在英国国内引起了广泛质疑，因为法军带走了大量的劫掠品。条约几乎断送了韦尔斯利的职业生涯，对法国人则是一场羞辱。更糟糕的消息是，杜邦的作战军于7月份在拜伦被西班牙的正规部队包围，被迫投降。

拿破仑决定亲自南下，“让机器再次运转起来”。他先是前往埃尔福特与俄皇会面，努力确保俄国人在他离开法国期间按兵不动。拿破仑在确定这一问题得到解决之后，动身前往西班牙。当年11月，他迅速对西班牙军队采取作战行动，于12月初夺回马德里，并准备向里斯本进发。然而，摩尔率领的一支英军小部队从里斯本向萨拉曼卡迂回行进，随后在巴利亚多利德发动攻击。12月下旬，拿破仑向摩尔重拳出击，越过覆盖着白雪的瓜达拉马山，在摩尔撤往科伦纳的途中几乎追上了他。1809年1月初，拿破仑离开西班牙返回法国，留下苏尔特完成追击行动。摩尔在所属部队守卫撤退港口的战斗中被打死，但大多数英军得以逃脱。拿破仑重返法国，留下西班牙残局，严重侵蚀着法国的人力资源。

约翰·摩尔
（1761—1809年）

摩尔出身于格拉斯哥的一个富庶家庭，于1776年进入步兵部队服役。他在1790年以前一直是议会的苏格兰代表，还曾经在美国、爱尔兰和西印度群岛参战。摩尔参加了1799年的远征荷兰和埃及行动，后来在英国南海岸的肖恩克里夫担任旅长。他在此地的轻型步兵训练中发挥了重要作用，在赴西西里和瑞典服役之前被封为骑士。1808年，摩尔指挥英军部队参加了半岛战役，但于次年战死于科伦纳。我们无法断言，如果摩尔没有殒命沙场，是否会成为将军。但他在轻型步兵部队建设方面付出的努力值得高度称赞。威灵顿后来在他的军事秘书面前这样评价摩尔："你知道吧，菲茨罗伊。我想，如果没有摩尔，我们将无法赢得胜利。"

拿破仑家族

拿破仑将荷兰和西班牙的附庸国分封给自己的兄弟，从而使帝国伟业成为他的家业。但他一直等到1811年才有了自己的后嗣。

查尔斯·波拿巴和莱蒂希亚·波拿巴的子女中，共有5男3女存活。查尔斯于1785年亡故，但莱蒂希亚一直活到成为尊贵的母后——“皇帝圣母”，并在拿破仑离世以后的1836年去世。拿破仑关照着他的兄弟姐妹，并且取得了不同程度的成功。他曾经狂妄地宣称：“如果没有我，我的兄弟们将一事无成。”拿破仑的

查尔斯·玛丽娅·波拿巴（1746-1785 年）—— 玛丽娅·莱蒂希亚·波拿巴（1750-1836 年）

约瑟夫·波拿巴（1768-1844 年）
拿破仑·波拿巴（1769-1821 年）
吕西安·波拿巴（1775-1840 年）
埃莉萨·波拿巴（1777-1820 年）
路易·波拿巴（1778-1846 年）
保琳·波拿巴（1780-1825 年）
卡罗琳·波拿巴（1782-1839 年）
热罗姆·波拿巴（1784-1860 年）

左图：家庭幸福。皇后玛丽·路易丝带着儿子罗马王来看望正在用早餐的拿破仑。

上图：另类王朝联盟。1807 年 8 月 22 日，热罗姆·波拿巴亲王和符腾堡的弗雷德里克·凯瑟琳公主当着拿破仑家族的面签署婚约。

大哥约瑟夫出生于 1768 年，曾学习律师业务。在 1800—1806 年执行外交使命，并被封为那不勒斯国王。作为一名统治者，约瑟夫生性仁慈，深受爱戴。但到了 1808 年，拿破仑突然将他调到西班牙。即使是在西班牙，约瑟夫仍然表现出和蔼可亲。但面对国家分裂和大规模战争，他也是无能为力。约瑟夫在 1813 年战败于维多利亚后返回法国，在滑铁卢战役后移居美国，在新泽西州博登敦附近耕作。他于 1832 年返回欧洲，1844 年去世。

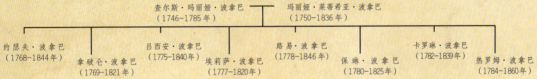

吕西安出生于 1775 年，总体上更为坚决果断。他在 1798 年成为五百人院成员，在雾月政变之前当选为议长，并在政变中发挥了主导作用。他在内政部长和驻马德里大

上图：1810年，拿破仑在圣克卢宫的平台上，身旁簇拥着家族的皇子和公主。在这一时期，他还没有直系后嗣，这令他越来越感到担忧。

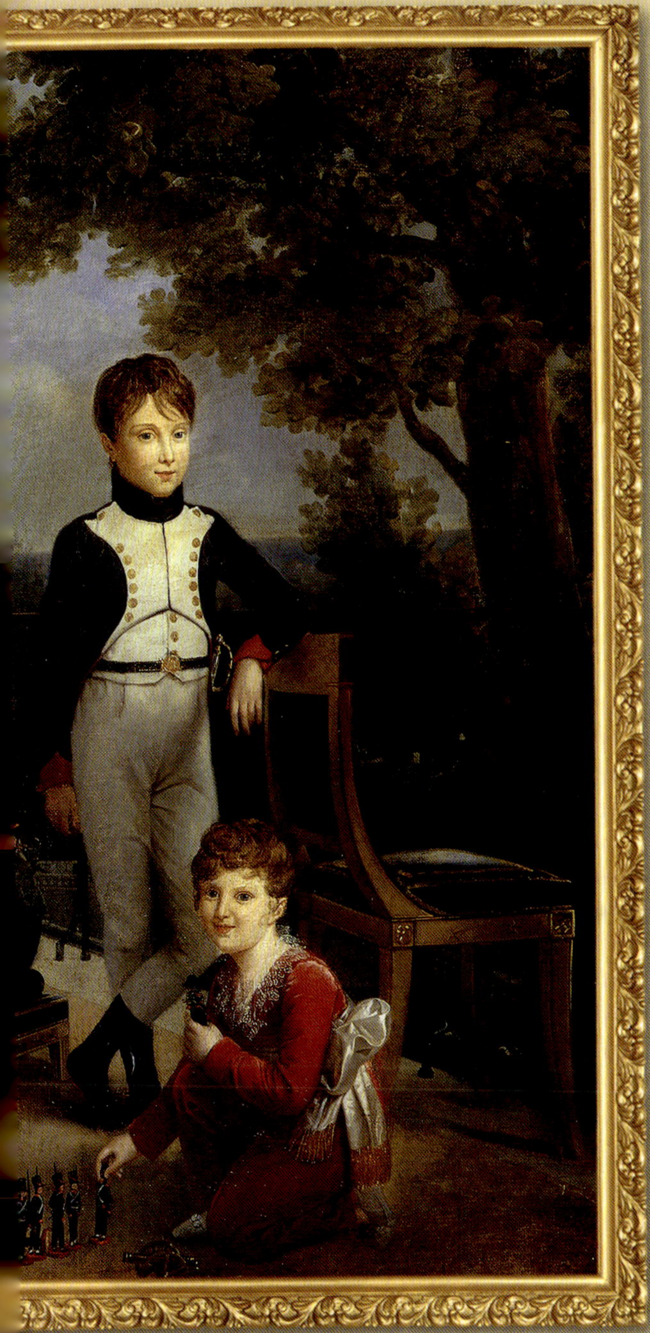

约瑟芬
（1763—1814 年）

玛丽·约瑟芬·罗丝·塔契·德拉帕热利出生于马提尼克。1789年，她嫁给法国将军博阿尔内子爵，并为后者生了两个孩子。在博阿尔内1794年被送上断头台后，她曾有过几个情人。约瑟芬在与拿破仑有了一段风流韵事之后无法抗拒，两人于1796年结婚。约瑟芬在很大程度上给法国宫廷带来了奢华，但因无法为拿破仑生育，两人于1810年离婚，但她仍然保留皇后的头衔。约瑟芬可能是拿破仑唯一真正爱过的女人。拿破仑后来反省道，自从他们离婚后，他诸事不顺。

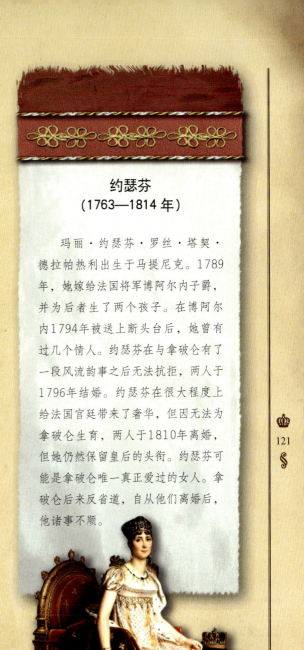

使的岗位上均取得了成功。后来，拿破仑以西西里和西班牙王位为条件，要求他与资产阶级出身的妻子离婚，遭到他的坚决拒绝。此后，吕西安居住在罗马附近的庄园，被教皇封为卡尼诺亲王。1810 年法军被派到罗马时，吕西安曾经和拿破仑发生了争吵。他搭乘前往美国的船舶被英国人俘获。在拿破仑战争的剩余时间，他以乡绅的身份生活在什罗普郡勒德洛和伍斯特郡桑格罗夫。吕西安后来重返意大利，于 1840 年去世。

路易出生于 1778 年，后在法军中服役。他在与拿破仑的继女霍顿斯结婚后，于 1806 年成为荷兰国王。霍顿斯为他生了两个儿子，其中第二个儿子后来成为皇帝拿破仑三世。但他们的婚姻并不幸福，路易在荷兰的时光也不愉快。他曾遭到拿破仑的痛斥，被指责将荷兰的利益置于法国利益之上。1810 年，路易被迫退位。此后，他作为圣列伊伯爵，生活在奥地利、瑞士和意大利，将精力集中在自己的身体健康（曾有过对于他心理稳定状况的担忧）和文学事业方面。路易于 1846 年去世。

拿破仑最年幼的弟弟热罗姆出生于 1784 年，曾在海军中服役，后来移居美国，1803 年与伊丽莎白·帕特森结婚。1807 年，拿破仑任命他为新建的威斯特伐利亚王国君主，迫使他离婚，改娶符腾堡的弗雷德里克·凯瑟琳公主。热罗姆担任军长时的表现也有些不如人意的地方，特别是在乌古蒙的攻击行动耗费了拿破仑在滑铁卢的宝贵时间。后来，热罗姆被侄儿拿破仑三世授予元帅军衔和男爵爵位，于 1860 年去世。

上图：拿破仑的弟弟路易，在图中以荷兰将军的形象出现。他在 1806—1810 年期间出任荷兰国王。

埃莉萨·波拿巴出生于 1777 年，后来成为托斯卡尼大公爵夫人。她颇具拿破仑的风范，喜欢骑着马检阅部队。保琳·波拿巴出生于 1780 年，1797 年嫁给勒克莱尔将军，并随同他远征海地。勒克莱尔在海地丧生后，保琳改嫁罗马亲王卡米洛·博尔盖泽。但当丈夫被派去管辖皮埃蒙特时，保琳对此怨声载道。她返回巴黎，享受着原汁原味的生活方式。雕刻家卡诺瓦为她制作了一座裸体雕塑。据说保琳在被问及如何能容忍摆出这样的姿势时，她回答道：“没问题，工作室里生着火。”卡罗琳出生于1782年，嫁给了拿破仑最成功的骑兵部队指挥官约阿希姆·缪拉。后来，缪拉获得了北德意志一个州的封赏，卡罗琳也成为贝尔格大公爵夫人。在缪拉获得提升后，她成为那不勒斯王后。

拿破仑娶了“甜蜜无比”的约瑟芬·德·博阿尔内，后者是一名寡妇，她的丈夫是一位被送上了断头台的将军。约瑟芬的优雅和魅力令拿破仑颇为动心，并因此原谅了她的出轨。拿破仑将约瑟芬的孩子尤金和霍顿斯当作自己的子女，将前者册封为意大利总督，将后者嫁给了自己的弟弟路易。然而，由于约瑟芬不能为拿破仑生育后嗣，拿破仑于1810年与她离婚，娶了丰满美丽的奥地利公主玛丽·路易丝，后者于1811年给他生了个儿子。

拿破仑将他的许多风流韵事称作“消遣娱乐，丝毫没有上心”。他的情妇包括女演员乔治小姐、波兰美女玛丽·瓦莱夫斯卡（为他生的儿子亚历山大后来成为法兰西第二帝国时期著名的外交家和政治家）、歌唱家吉尤丝皮娜·格拉西妮。格拉西妮后来还接受了威灵顿公爵的爱意，并称威灵顿是更好的情人。这表明在爱情以及其他许多方面，拿破仑非常自私。

玛丽娅·莱蒂希亚·波拿巴
（1750—1836年）

玛丽娅·莱蒂希亚出身于拉莫利诺家族——意大利的一个低阶贵族家庭，长期生活在科西嘉岛。1764年，她嫁给了查尔斯·波拿巴，生育了15个孩子，但只有8名子女没有夭折。1793年，她移居法国，过着朴实的生活，直至拿破仑的崛起改变了她的命运。玛丽娅·莱蒂希亚被封为“皇帝圣母”，但她非常不喜欢这个头衔。她对于自己的财产非常谨慎，并坚持认为：“我儿子有着很好的地位，但这并不能永远持续下去。”她法语说得不好，更喜欢意大利语，最终在罗马去世。她一生富有，但更令人印象深刻的是几个儿女的过早离世。

瓦格拉姆战役

1809年年初，拿破仑从西班牙返回，发现法国在半岛战役受挫后的消息使奥地利受到鼓舞，决定再次向法国开战。

查尔斯大公爵已经基本上完成了对军队的彻底改革，部队规模得到扩大，并按照作战军的体制进行编组。他本人是一位很有能力的指挥官，但受制于众多平庸的下属。不过，到了1809年，奥地利的决心和意志已经得到了很大提升，与1805年的状况已是不可同日而语。

人力不足是拿破仑面临的紧迫问题。他的解决办法是提前征召1810年的适龄新兵，倾尽了兵站和军校的储备，并且严重依赖于日耳曼盟国。到了3月底，德意志大军的兵力已超过17万人。拿破仑自信

左图：7月5日，法军越过多瑙河，向驻在河北岸瓦格拉姆的查尔斯大公爵进击。

上图：1809年4月21日，在作战前线的法军第17掷弹兵团战士们在以心直口快而著称的穆通将军的率领下迅速冲过兰茨胡斯大桥，此时桥桩已经被放火点燃。

从多瑙河战役到瓦格拉姆战役
（1809年4—7月）

法军进军路线

奥军在阿本斯堡—埃克米尔战役之前的推进路线

奥军在阿本斯堡—埃克米尔战役之后的撤退路线

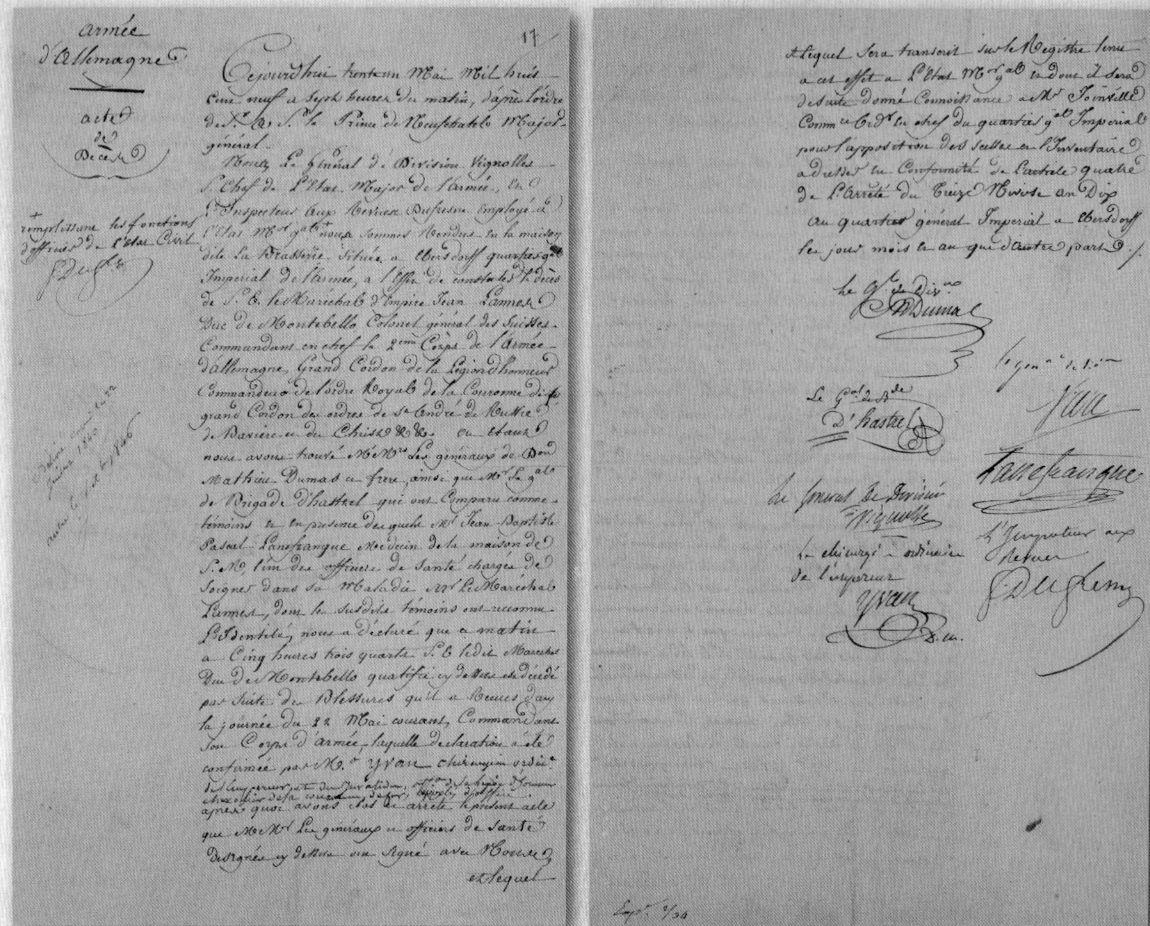

第126-127页图：4月23日，拉纳所部在向雷根斯堡的攻击行动中出现动摇。此时，拉纳一把抓住云梯，高喊道："我要向你们证明，在成为元帅之前，我就是一名掷弹兵——而现在，我仍然是一名掷弹兵。"他的副官从他手中抓过云梯，这个场面极大地激发了攻击部队的战斗热情。

上图：拉纳元帅的死亡证明书，落款为1809年5月31日，由多位将军以及一位外科医生和一位行政官员签署，证明时任第2军军长的拉纳在5月22日战斗中负伤身亡。军医总监拉雷曾对他的腿进行了截肢手术，但拉纳还是因坏疽去世。

地认为，他的对手将在意大利北部投入过多的兵力，使他能够自如地沿多瑙河向维也纳进击。他命令贝尔蒂埃制订计划，在雷根斯堡以及更往西的多瑙沃尔特集中兵力，已备应急之需。事实上，奥军仅向意大利和加利西亚派遣了少量部队，在多瑙河地区则保持了约 20 万兵力。查尔斯原本主张向雷根斯堡大胆推进，希望借此使拿破仑的盟国发生动摇。但他在规劝之下选择向多瑙河以南发动进攻。

4 月 9 日，奥地利在尚未正式宣战的情况下就发动了进攻，但是在进入巴伐利亚时却行动迟缓。4 月 17 日，拿破仑来到军中，接替能力不足的贝尔蒂埃，直接行使指挥权。他立刻下达命令，在伊姆河边集结。尽管拿破仑尚未完全掌握奥军的兵力和企图，但他还是在第二个星期扭转了战局，于 4 月 20—22 日在阿本斯堡—埃克米尔战役中赢得胜利，从而打通了通往维也纳的前进道路。

查尔斯在受挫后撤入波希米亚。拿破仑决定径直向维也纳进逼，希望能够迫使对方在威胁之下进行和谈，或者至少是迫使奥军从意大利撤出。当时，他派驻意大利的总督、继子欧仁·德·博阿尔内正面临着约翰大公爵的压力。席勒的后卫部队被迫后撤，但法军还是于 5 月 13 日进入维也纳。查尔斯率部转向维也纳以北，遇上了席勒的作战军。5 月 21 日，查尔斯以约

尼古拉·夏尔·乌迪诺
（1767—1847 年）

乌迪诺曾是法国皇家陆军的一名列兵。他晋升很快，于1794年担任旅长。在1805年奥斯特里茨战役中，他指挥着一支掷弹兵部队无所畏惧地进行战斗，从而一举扬名。之后他在埃斯林接替受了致命伤的拉纳担任军长，在瓦格拉姆战役中率先发起攻击。乌迪诺于1809年成为元帅，于1810年被封为勒佐公爵。1814年，他是最后一批背弃拿破仑的官员之一。在波旁王朝二次复辟后，乌迪诺向其效忠，指挥了1823年远征西班牙行动。他曾22次在作战中负伤，拿破仑称他是“法军的拜亚尔”。

11万之众在位于维也纳以东、多瑙河北岸的阿斯佩恩—埃斯林乡村地区周围向延伸过长的法军部队发动突袭。法军最初只有2.3万人，在战斗第二天增至7.3万人。在此次战斗的战略要地背后就是洛鲍岛，仅有一座桥将该岛与位于多瑙河南岸的法军主力部队相连接。在第一天的战斗中，奥军占据了上风。但到了5月22日，得到增援的法军部队夺回了阿斯佩恩。之后，拉纳的作战军向阿斯佩恩与埃斯林之间的结合部发动强攻。查尔斯则身先士卒，率领预备部队顽强抗击。随着奥军加大了在桥头堡的压力，拿破仑意识到他将不得不撤至河对岸。尽管法奥双方损失大体相当，都在2.2万人左右，但法国的威望明显受到了打击。

待到7月5日，拿破仑决定复仇。他将兵力集中在洛鲍岛对岸，沿多瑙河佯攻，吸引奥军的注意。到了晚上，法军抵达多瑙河北岸，楔入多瑙河与奥地利之间，尽管他们还没有突破奥军的防线。7月6日，奥军在瓦格拉姆的进攻行动起初取得了进展，但后来被击退。奥军迫使拿破仑后退的唯一希望，或许就是从意大利返回的约翰大公爵能够赶到法军的左翼。但约翰大公爵并未出现。麦克唐纳的作战军在向奥军中左翼发动攻击时遭到重创，但查尔斯认定当天已陷入败局，于是下令撤退。

在瓦格拉姆战役中，奥军损失超过3.7万人，法军损失至少3.25万人。对法国来说，这场战役并不像奥斯特里茨战役和耶拿战役那样大获全胜，但仍然足以迫使奥地利和解。根据当年12月签署的《普雷斯堡条约》，奥地利被剥夺了一些领土，并且被迫支付赔偿金，部队员额被限制在15万人。

让·拉纳
（1769—1809年）

拉纳曾是一名染色工学徒，于1792年参军，晋升很快。他曾在法国驻意大利部队中服役，被拿破仑任命为准将，并曾在埃及作战中两度负伤。他曾在雾月政变中助拿破仑一臂之力，在马伦戈战役中独立作战，赢得了蒙特贝洛战斗的胜利，后来因此而获得了公爵爵位。拉纳于1804年被授予元帅军衔。他是一位著名的军长，以坚韧和勇猛著称：在雷根斯堡，当攻击部队动摇时，他一把抓住云梯。拉纳在埃斯林受了致命伤，拿破仑对他的离世深感惋惜。

左图：在瓦格拉姆战役的第二天，拿破仑命令麦克唐纳向前推进。

上图：拿破仑在拉纳身旁，后者在埃斯林战役中受了致命伤。拉纳是第一位战死的法军元帅，拿破仑为此放声哭泣。

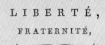

西班牙残局 （1809—1811 年）

英国陆军在半岛得到了当地民众的广泛支持，并且获得了皇家海军的支援和保障：拿破仑战败西班牙的结局已是不可避免。

英国第一次干涉西班牙行动，最后以撤离科伦纳告终。但到了 1809 年 4 月，英国政府察觉到有机会利用制海权在伊比利亚半岛法军势力范围的边缘地带保持一支远征部队，于是派遣韦尔斯利指挥驻葡萄牙的陆军部队。韦尔斯利先是从里斯本向北突击，打败了苏尔特，然后率领

英国人往往占领了精心挑选的防御阵地，有一定的视野。他们只会暴露少部分力量，并且通常会使用炮兵。很快，我们在匆忙之间，在尚未研究敌军阵地的情况下……就径直往前冲，不畏艰险。

——后来成为法国元帅的托马斯·比若

上图：9 月 27 日，法军向威灵顿部队设在布萨科山脊的一处坚固阵地发动进攻，在遭受重大损失后被击退。

约 3.5 万人的英军部队挺进西班牙，与西班牙的陆军部队协同，向马德里挺进。尽管这项计划与许多此类军事行动一样最终流产，但当维克多于当年 7 月向塔拉韦拉的反法联盟部队发动进攻时，很快被对方击退。为了表示褒奖，英国政府册封韦尔斯利为威灵顿子爵。不过，威灵顿并不能在西班牙一直坚持下去，他沿着交通线后撤至葡萄牙。他的工兵部队沿着托里什·韦德拉什防线建造了堡垒，拱卫里斯本，以防法军的追击。

英国历史学家将此次冲突称为“半岛战争”。但对于西班牙人而言，这场战争从头至尾就是“独立战争”。在这场战争中，法国人面临的任务非常复杂，他们不能仅仅集中力量对付威灵顿，还必须同时

威廉·卡尔·贝雷斯福德
(1768—1854 年)

贝雷斯福德是瓦特福德侯爵的私生子，于1785年被任命为军官。1806年，他指挥第88步兵团，在开普殖民地与荷兰人的作战中一举扬名。但他独立指挥作战的能力不足，在1806年远征南美的行动中落败，后于1811年在阿尔布埃拉战役中得益于步兵部队的出色表现。不过，贝雷斯福德是一流的行政管理者，在1809年成为葡萄牙元帅后，对葡萄牙陆军进行了彻底改革，使其在威灵顿指挥的作战中发挥了重要作用。他于1814年被封为男爵，1823年被封为子爵。在威灵顿成为首相后，贝雷斯福德被任命为军械总监。

下图：1809 月 7 日，盟军与法军进行了塔拉韦拉战役，盟年由韦尔斯利和奎斯塔率领，法军由约瑟夫和儒尔当指挥。图中突出位置显示的是韦尔斯利在包迪纳溪战中，顶住了法军步兵的反复攻击。法军的一方阵正在遭受英军骑兵的攻击，英军轻骑兵和猎骑兵则在进行反攻。

上图：1811 年 5 月 5 日，在富恩茨·德奥纳罗战役中，诺尔曼·拉姆塞上尉的皇家骑乘炮兵的两门炮被法军骑兵包围。拉姆塞让他的骑兵炮手们骑着马围在大炮的周围，挥舞着马刀杀到安全地带。

左图：授予英军第 3 步兵团（皇家东方肯特团）莱瑟姆中尉的阿尔布埃拉奖章。

对付西班牙野战军和游击队。葡萄牙陆军在英国的帮助下进行了改造，已成为威灵顿有力的帮手。拿破仑对于所面临的形势感慨道：“如若派出的部队规模小，就会打败仗，而如若规模大，便会挨饿。”威灵顿在后勤方面的优势以及英国对制海权的掌控，发挥了不可估量的作用。相比之下，法军倾向于就地补给。当时，当地民众对于应该向谁效忠分歧严重，一些人支持拿破仑的胞兄、和蔼可亲的约瑟夫国王，而另一些人则强烈反对。法军此举使他们与当地人的关系恶化。尽管约瑟夫手上有大约 30 万军队，但他正在努力征服安达卢西亚和加泰罗尼亚，以期打通交通线。这些交通线经过的乡村地区常常受到游击队的袭扰。

1810 年夏，马塞纳占领了西班牙要塞罗德里戈城和葡萄牙要塞阿尔梅达，然后向西南方向进军，迎击威灵顿。9 月 27 日，马塞纳在布萨科被击退，随后在托里什·韦德拉什防线再次被击退。威灵顿在前方地区实施“焦土政策”，马塞纳最终于 1811 年春后撤至阿尔梅达：他损失了大约 3 万名官兵。此时，战役的重心在北方的托里什·韦德拉什防线前沿堡垒和南方的巴达霍斯。5 月 3 日，马塞纳在阿尔梅达以南的富恩茨·德奥纳罗向威灵顿发动进攻，结果遭到痛击。再往南，威灵顿的部将贝雷斯福德正在围攻巴达霍斯，而此时苏尔

“顽强之人”
胡安·马丁·迪亚兹
（1775—1824 年）

迪亚兹昵称“顽强之人”，是一位富农的儿子，在1793—1795年期间志愿与法国人战斗。1808年，他参加了反法暴动，并在1809年被中央执政团任命为上尉。迪亚兹的部队发展到了5千人，在巴利亚多利德地区赢得了一系列胜利，常常切断维多利亚与马德里之间的主干道。1815年，他被批准任命为将军。在1820—1823年西班牙立宪革命期间，迪亚兹担任萨莫拉总督。他结束了在葡萄牙的流放，返回后遭到逮捕，被关在铁笼子里示众，并被处以绞刑。

左图：1811年5月16日，英军第18轻骑兵团的一名中士在阿尔埃拉战役中俘获了多名法军军官。

下图：英军第16龙骑兵团列兵乔治·伍尔杰在1809年10月26日写给姐姐和姐夫的书信中，描述了塔拉韦拉战役以及此后的半岛战役。

Villaviciza [illegible] Oct. 1809 Portugale

Dear Brother & sister

the last time I wrote to you was from Thomar we marcht. from Thomar the 2 July over a mountainous Country we wear a 11 days on our march without Halting, the Sun Excessive hot & the Roads Very Dusty — we Arrived at Placentia the 13th we halted here 4 days to rest & shoe the horses 18th Inst. we marcht. the whole of the British army over the Mountains a Very bad Road Very hot & Dusty & scarcly aney water to be met with on the Road, we were fortunate enough to Camp 2 of the Days by Rivers — on the 20th we joind the Spanish Army they had 10.000 midlin Cavalry 20.000 midlin Infantry Very Irregulary Dispt. 21th this afternoon the British were drawn up in Line for the Inspection of Sir Arther welesley & the Spanish Genl. Cuesta, the Line of British Reacht. 4 miles — we then Campt. near Alcavegor 22d 4 A. M. it was a Beautifull sight to see the English & spanish Armys march on to the fine Plains of Oratara — Colours flying Trumpts. sounding & men in high Spirits about ½ 8 A. M. we Came up with the Enemy at ½ Past 9 the Action began with a smart Cannonade from which was soone Returned from the Enemy however the the french Did not stand Long — they Retreated 3 miles beyond Tallavera & Crost the Teagus & made another stand & fird with Cannon till dark — Nothing Particler happend till the 26th when we hard Cannonading at some Distance which was a Collum of the Spaniards Engaged with the Enemy the spaniards was Obliged to Retire as also Genl. sherbrook which had Advanced the 24th this day we the whole of the British Cavalry were orderd to be out at 2 A. M. of the 27th July we then Advanced towards the out Post — when Arived we found Genl. Sherbrook Retreating our Cavalry then Coverd his Retreat Genl. sherbrook Crost the Teagus 3 miles from Tallavera [illegible] [illegible] Brigades to take Possesion of the wood, the Enemy Crost the [illegible] [illegible] 4 miles still higher and Attacted our Infantry with [illegible] Strong Collums our Infantry stood them Sharply for some time till orderd to Retire on to the Plains — the french woud not follow us on to the Plains — there sharpshooters fird smartly on us for some time, & Teazed us untill there Horse Artillery had time to bring 2 brigades of guns to the Edge of the wood with which they give us an Uncommon smart Cannonade which Obliged our Cavallry to Quit the Plains & Retire towards Tallavera the french then Crost the Teagus & Occupied the Plains together with ther sharp-shooters follow. us [illegible] Close — by this time our Infantry had formd the Line the British on the Left of Spanish on the Right [illegible] before [illegible] sett the Battle became Very hot which Continued till nearly 12 P. M. the Remaing Part of the night was Employde in Aranging Cannon on 2 hills which took Posesion of

特率领的一支法军部队正抵近该城。于是贝雷斯福德撤围，转而阻击苏尔特。5月16日，贝雷斯福德的英国、葡萄牙和西班牙联军在阿尔布埃拉经过一场血战，击退了苏尔特。但贝雷斯福德在急件中抱怨道："他们已经完全被打败，我已经掌握了主动；但他们并不知道这个情况，也不赶快跑。"贝雷斯福德损失了6千人，而法军损失了8千人。贝雷斯福德草拟的急件过于悲观，威灵顿让他重写："这不行，给我写一份捷报。"威灵顿重新恢复了对巴达霍斯的围攻，但还是无法攻克下来。然而，在当年岁末，一些法军部队被抽调到旧卡斯蒂利亚与西班牙人作战，威灵顿的境况得到了改观。而且，情况非常明显，拿破仑与俄国人之间的战争阴影日渐浓厚，他无法为他的胞兄抽调更多的援军。威灵顿计划在1812年伊始攻占罗德里戈城和巴达霍斯，随后借此突入西班牙纵深。

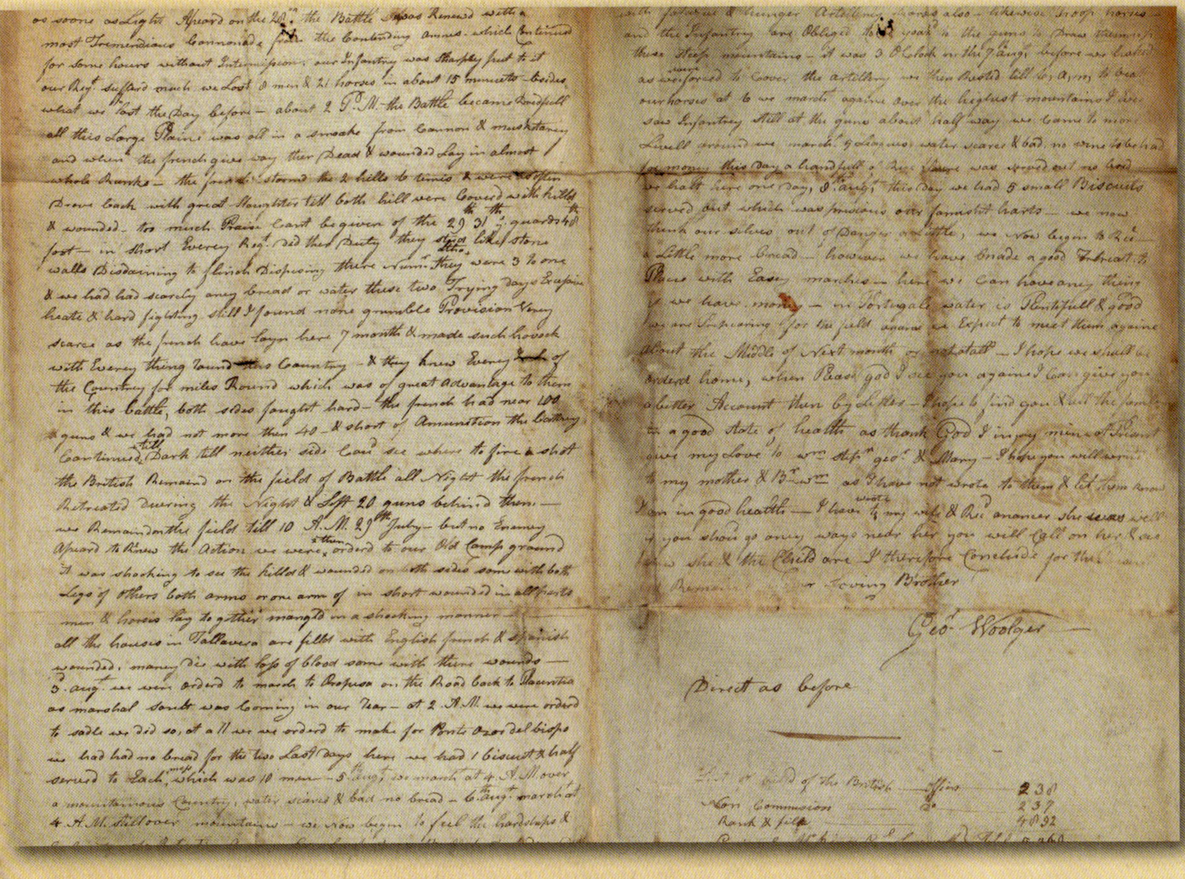

法兰西帝国宫廷

拿破仑非常看重皇帝的身份。他对约瑟芬的朝臣雷米萨夫人说："法兰西帝国应该成为其他所有国家的中心。"

作为首席执政官，拿破仑很多时候待在圣克卢宫。这座宫殿在革命暴徒洗劫之后进行了修复，拿破仑在成为皇帝之后还对它进行了扩建。圣克卢宫坐落在俯瞰塞纳河的陡岸上，比位

于巴黎市中心卢浮宫西端的杜伊勒里宫更隐秘。拿破仑扩建了卢浮宫，在前院建了一座凯旋门，完成了东端卡利庭院的工程。他还沿着里沃利大街（根据意大利战役胜利命名的一条

左上图：这是为拿破仑定制的铁质王冠徽章，用于1810年与玛丽·路易丝的婚礼。

左下图：1810年4月2日在杜伊勒里宫剧院举行的宴会，以庆祝拿破仑与奥地利公主玛丽·路易丝成婚。

上图：拿破仑与玛丽·路易丝的结婚仪式在卢浮宫的教堂内举行。拿破仑的叔叔、红衣主教斐许担任司仪。

新公路）建造了北美术馆。1810年，拿破仑与约瑟芬离异后迎娶玛丽·路易丝，这两座宫殿的重要性得以凸显：结婚仪式在圣克卢宫举行，宗教庆典则在卢浮宫举行。

在巴黎郊外的皇家宫殿中，与凡尔赛宫相比，拿破仑更喜欢枫丹白露宫，因为前者明显带有路易十四的沉重印迹。1814年4月20日，拿破仑正是在枫丹白露宫马蹄铁楼梯的底层向他的卫士们告别。马尔迈松位于巴黎西部塞纳河的蜿蜒处，

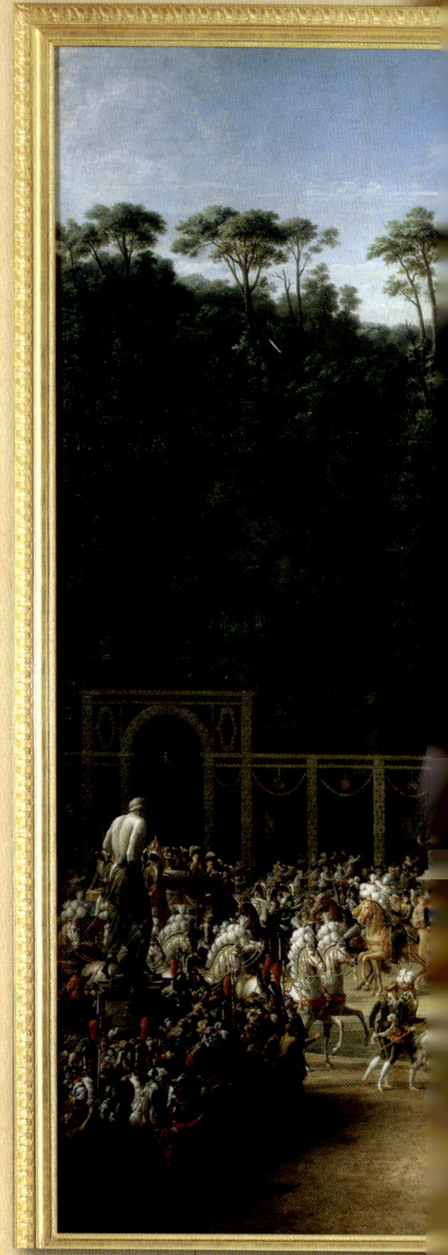

上图：《传奇故事》。拿破仑在马尔迈松的花园用午餐时，认出了一位掷弹兵曾经给他送过信。这名士兵在埃及战役中脱颖而出。

上图：拿破仑和玛丽·路易丝在婚礼当天进入杜伊勒里宫花园。

玛丽·路易丝
(1791—1847 年)

玛丽·路易丝是奥地利皇帝弗朗茨一世的女儿。1810年，拿破仑与约瑟芬离异，迎娶玛丽·路易丝。当时，拿破仑已有两个私生子，他知道可以从这场婚姻中获得自己迫切需要的后嗣。弗朗茨也乐意让女儿进行这场外交联姻。1811年，她为拿破仑生了儿子——罗马王。根据战后安排，玛丽·路易丝获得了三个意大利公爵领地，并在帕尔马行使统治权。1821年，她与奈佩格伯爵成婚，后者是奥地利老兵，当时他们已经有了两个孩子。奈佩格伯爵死后，玛丽·路易丝再次结婚。

在 1799 年被约瑟芬购得。她喜欢这里的英式玫瑰花园。但是，将英国视为主要对手的拿破仑更青睐于他在圣克卢宫新建的法式花园。不过，他还买下了附近的一处木质房屋，并在此打猎纵乐。贝尔蒂埃在负责其他事务的同时，还主管狩猎。但在一次科西嘉人的至爱——野兔狩猎活动中，误购的驯养家兔把拿破仑当成了饲养员，将他团团围住。在此情况下，猎枪无法开火。

法兰西帝国宫廷的奢华程度绝不逊色于旧王朝。拿破仑在加冕典礼上乘坐的马车装有玻璃格栅，配有镀金饰带，并承载着大型勋章，上面画有帝国的各个行政区，还有镀金鹰群以及黄金祭坛上的查理曼大帝皇冠。但在这一时期，并非所有的宫廷生活都是那么刻板。工作日时，拿破仑在上午 7 时被唤醒，他的贴身男仆康斯坦将帮他沐浴。拿破仑常常在此待两个小时，由秘书向他诵读英文和德文报纸的译文。随后，拿破仑将进行修面。他上午处理信函和申请，有时还会接见请愿者。一位知名的年轻人因此前被巴黎综合理工学院拒绝录取，来到马尔迈松请求觐见拿破仑。拿破仑接见了他，提了若干问题，然后命令该院院长立即录取此人。

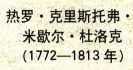

热罗·克里斯托弗·米歇尔·杜洛克
(1772—1813年)

杜洛克是一位绅士的儿子，在大革命之后移居国外，之后重返法国，成为一名炮兵军官。1793年，他在围攻土伦的战役中遇见了拿破仑，并在此后的一系列战役中担任拿破仑的副官，后于1803年晋升为少将。杜洛克于1804年被任命为法兰西帝国大元帅，于1808年被封为弗留利公爵。他负责法兰西帝国宫廷的正常运转。此外，他还是一位深受信任的外交密使和行事谨慎的"拉皮条者"。1813年，杜洛克在包岑附近受了致命伤。极度悲伤的拿破仑一度为此中止了作战行动。

拿破仑于上午10时用午餐，下午5时用晚餐。他在饮食方面的口味很简单，最喜欢的是普罗旺斯肉鸡和油炸土豆。他喜欢喝热夫雷香贝丹葡萄酒，但常常要兑一些水。他喜欢玩纸牌，还会厚着脸皮耍赖。与约瑟芬不同，他不喜欢戏剧。劳拉·朱诺（朱诺将军的妻子）称，拿破仑的演讲可谓"悦耳动听，铿锵有力"，但他的歌喉只能算得上是"嚎叫"。剧院是燃放激情的主要场所：圣克卢宫和马尔迈松均建有剧院。拿破仑非常赞赏剧作家高乃依，他断言道："如果当今世上有像高乃依这样的人，我会任命他为宰相。"

拿破仑在提尔西特与天生的皇帝——俄国沙皇亚历山大见了面，他回到法国后制定了更为古板的礼仪规范。如果没有负责宫廷正常运转的杜洛克的许可，任何人都不能觐见拿破仑。杜洛克的职责还包括谨慎地以金钱招纳女性，满足他主子的性欲。1810年，在贡比涅举行的一次贵宾招待会上，拿破仑站在那里整整一刻钟一言不发，整个会场都凝固了。波拿巴将军的轻松快乐时光，已经被拿破仑皇帝的刻板礼仪所取代。

LIBERTÉ, EGALITÉ, FRATERNITÉ, OU LA MORT.

1812年战争

巨变的法国与羽翼日渐丰满的美国之间的关系，从一开始就不稳定。

尽管法美两国仍然保持着联盟关系，但1794年条约使英国在美国获得了与法国同等的商业利益，这令法国大为恼火。美国向法国派遣了谈判者，但法国军舰和武装民船却对怀疑向英国运送物资的美国商船实施拦截和抢购，这实质上已是不宣而战。谈判陷入危局，原因在于拿破仑的外交大臣、老谋深算的塔列朗提出让美国支付5万英镑表示善意。不过，双方于1800年签署《莫特枫丹条约》，确定了美国的中立地位。

一天之后达成《圣伊尔德丰索条约》，确认一旦法美实现全面和平，法国于1763年割让给西班牙的路易斯安那将回归法国所有。当时这片辽阔的土地面积比今天的路易斯安那州大得多，大约相当于今天美国领土面积的22%。1802年的《亚眠和约》确定了这一和平条款，法国收回路易斯安那将使美国面临遭受攻击的危险。正如杰斐逊总统所言，如果法国真的选择重新占

当少将看到美国民兵部队如此丢盔弃甲时，禁不住发出惊叹……他宁可相信，对手的举动是因为急于收割庄稼，而不是美国的原则或者政府的偏好。

——勋爵艾萨克·布罗克少将1812年8月14日发布的将令

右上图：艾萨克·赫尔上校的“宪法”号军舰配备有24磅舰炮。1812年8月，该舰打垮了配备18磅舰炮的英军“格雷厄”号战舰。人们为此次胜利喝彩欢呼，也使得3天前赫尔上校的叔叔威廉·赫尔准将在底特律率部投降造成的影响得到缓解。

詹姆斯·麦迪逊
（1751—1836 年）

1780年，麦迪逊代表弗吉尼亚出席了大陆会议，并在制定1787年宪法的过程中发挥了重要作用。他对中央政府的权力持怀疑态度，并加入了杰斐逊的共和党，在杰斐逊政府中担任国务卿，后于1809年当选为总统。1812年，他接受了亨利·克莱和约翰.C.卡尔霍恩等“鹰派”人物的力劝，请求国会对英国宣战。尽管战争最初并未得到广泛支持，但战争结果令人满意，使得麦迪逊的地位得以提升。即使在1817年离职后，麦迪逊仍然得到越来越多的赞誉。

1812年战争（1812—1815年）

——美军运动路线　——英军运动路线　× 战役

下图：美国人看新奥尔良战役。英军向美军堑壕发动进攻，堑壕的守军由正规部队、民兵和志愿者混编而成，其中还有一些海盗。

右图：这幅畅销版画的主题是庆祝华盛顿被纵火焚烧。

领路易斯安那，那么美国将几乎别无选择，只能与英国结盟。1803年年初，拿破仑得出结论，战争很快将再次爆发，避免与美国疏远，这对于法国很重要：他指示塔列朗将路易斯安那出售给美国。购买路易斯安那使当时的美国仅仅付出1500万美元的代价，就将领土扩大了一倍。拿破仑对此也感到满意："我只是给英国增加一个海上竞争对手。这个对手迟早将挫败英国的傲气。"

拿破仑的柏林敕令和米兰敕令（统称为"大陆封锁体系"）以及英国通过出台议会法令采取的反制措施，对美国的商业造成了极大的损害。杰斐逊于1807年签署了《禁运法案》，禁止从美国港口出口外国货物。1809年，詹姆斯·麦迪逊当选为美国总统后不久，即以《互不往来法案》取代该法案，准许美国商船与除法国和英国之外的其他国家开展贸易。1810年，拿破仑同意不将他的敕令用于美国，前提是

英国也取消相关议会法令。这样一来，责任就转移到了英国身上，尽管当时法国并未正式撤销敕令。到了1812年6月，法国终于暂停执行敕令，英国也予以效仿。然而，英国皇家海军动辄拦截美国船只搜查逃兵，激怒了美国国会中的“鹰派”人物，他们决定采取行动。6月18日，英国取消议会法令的消息尚未传到大西洋彼岸，美国就已经向英国宣战。

1812年，美国在地面作战中的战况很糟糕。美军分三路入侵加拿大，均遭失败。但在海上，美军“宪法”号等大型超级护卫舰在一些重大作战行动中赢得了胜利，美国军舰和武装民船也令英国船运头痛不已。1813年4月，美军攻占约克（今日的多伦多），纵火焚烧政府大楼。佩里率领的美军分舰队在伊利湖的决战中获胜。当年10月，一支英军部队连同肖尼部落首领特库姆塞在底特律附近溃败。但英军在海战中的情况有所好转，他们将商船组成船队，为其提供保护。在此次战争中最引人注目的舰对舰较量中，英国皇家海军“香农”号装甲巡洋舰在波士顿海岸俘获了美军“切萨皮克”号军舰。不过，仍有一些美国武装民船进入北海实施攻击，破坏英国的商业贸易。

1814年，随着欧洲战争的结束，英国得以将更多的部队派到北美。当年8月，英军在切萨皮克湾实施两栖作战行动，占领了华盛顿，毁坏了国会大厦和白宫，以此作为对美军焚烧约克政府大楼行为的报复。英军对巴尔的摩的炮击，激发弗朗西斯·斯科特·凯伊创作了《星条旗》。

下图：位于尼亚加拉河上的伊利堡，就在纽约州布法罗的对面。1815年8月15日上午，英军向该堡发动进攻，但遭到守军的顽强抵抗。加之东北堡垒的弹药库爆炸，使英军被迫后退。之后美军出击，迫使英军撤围。不过，美军还是于当年11月放弃了该堡。

爱德华·帕肯汉
(1778—1815 年)

帕肯汉与后来成为他姐夫的威灵顿一样，也是爱尔兰贵族的幼子。他曾指挥第64步兵团参加了西印度群岛战役，后于1809年前往半岛，指挥一个旅和一个师。在1812年的萨拉曼卡战役中，帕肯汉负责指挥第3师，获得了高度赞许。1814年12月，他来到路易斯安那，发现他的部队处境非常艰难。帕肯汉在新奥尔良以南向美军发动的进攻中协同不力，招致失败。他在企图集合部队时被打死。据说他在临死前说的最后一句话是："胆小鬼就得吃败仗。"

上图：帕肯汉死于新奥尔良。英军在放弃这次自杀式攻击行动之前，已经损失了大约 2000 人。关于美军的伤亡人数说法各异，约有 8 人阵亡，20 人受伤。

1814 年 8 月，双方开始在根特进行和平谈判。但谈判久拖不决，英军在美国南部发动了一场大规模进攻。1815 年 1 月，威灵顿的内弟爱德华·帕肯汉战败于新奥尔良，并被安德鲁·杰克逊所部官兵打死。这则消息尚未传到北美的时候，《根特条约》就已经签署，规定双方恢复战前的状态。拿破仑曾促使这场战争爆发，但基本没能达到分散英国在欧洲战场投入力量的效果。在英国人看来，欧洲战场显得更为重要。

俄国战场：跨过涅曼河，扑向莫斯科

1812年，拿破仑出动了有史以来最大规模的陆军部队向俄国发动进攻。但他最具野心的攻击行动最终失败，从而使法兰西帝国的根基遭受重创。

1807年，拿破仑曾在提尔西特会议上风光无限，将普鲁士国王随意摆布，将俄国沙皇亚历山大玩于鼓掌之间。亚历山大仍然执行大陆封锁体系，尽管此举有损于俄国贸易。拿破仑努力避免由于在波兰王国领土上建立华沙大公国引起亚历山大的不悦，他甚至提议法俄联合远征印度。1808年，两国在埃尔福特会议上似乎显得更加亲切。一位法国演员慷慨陈词道："伟人的友谊便是上帝给予的恩赐。"此时，亚历山大夸张地握着拿破仑的手。不过，俄皇向他爱国的母亲保证，这只是在作秀：他一旦做好准备，就会选择战斗。

法俄关系逐渐在破裂。1810年11月，拿破仑的外交大臣德·尚帕尼提醒他，在法国控制下的日耳曼，一场"大革命"已是迫在眉睫。拿破仑可以肯定，这背后有俄国间谍在煽动。拿破仑与奥地利公主玛

第 151 页图：木已成舟。1812 年 6 月 23 日，在战役开始时，拿破仑正在注视着他的部队越过涅曼河。

上图：在博罗季诺战役中，俄军步兵，即众所周知的“顽强防御者”在掩护他们的炮兵部队。这幅全景图一部分也是为了纪念此次战役。博罗季诺战役发生的日期——9 月 7 日——已成为俄国“军人光荣日”。

丽·路易丝的婚约激怒了俄皇，因为此前俄皇一直在磋商拿破仑与他妹妹之间的联姻。尽管没有建立起新的波兰王国，但俄国国内还是对华沙大公国的建立表示愤慨，而原本就已经在暗潮涌动的强烈的民族主义情绪，在经历了奥斯特里茨战役和弗里德兰战役的羞辱之后得到了进一步的发展。1810 年，法国元帅贝尔纳多特被封

巴克莱·德·托利亲王
米哈伊尔·博格达诺维奇
(1761—1818 年)

巴克莱出身于波罗的海的一个苏格兰后裔家庭，在军队服役多年后成为军官。他曾与瑞典人和波兰人作战，后于1806—1807年在与拿破仑的作战中一举成名，晋升为中将。1812年，他担任西线部队总司令和陆军大臣。尽管后来西线部队总司令的职务由库图佐夫接任，但他还是率领所属部队在博罗季诺战役中表现出了引人注目的作战技能。在1813—1815年战役中，巴克莱再度出任总司令。他有着“外国”血统，而俄国人更偏爱苏沃洛夫那样的性格（坚韧、勇敢、粗俗、蛮横），这些都对他不利。不过，他仍然是一位优秀的将军，一位重要的改革者。

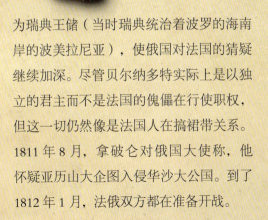

为瑞典王储（当时瑞典统治着波罗的海南岸的波美拉尼亚），使俄国对法国的猜疑继续加深。尽管贝尔纳多特实际上是以独立的君主而不是法国的傀儡在行使职权，但这一切仍然像是法国人在搞裙带关系。1811 年 8 月，拿破仑对俄国大使称，他怀疑亚历山大企图入侵华沙大公国。到了 1812 年 1 月，法俄双方都在准备开战。

此前，俄军由陆军大臣巴克莱·德·托利亲王进行了改造，员额超过 40 万人，部分部队组建为作战军。尽管俄军军官仍然缺乏训练，行政程序繁琐，但还是涌现出一些前途无量的将军，特别是巴克莱以及巴格拉季昂亲王。在战役期间接过指挥权的库图佐夫亲王已过巅峰期，但他的勇敢、经验以及永恒不变的俄国人的特质，使他

深受军民爱戴。拿破仑集中了有史以来最大规模的军事力量。第一梯队部队大约有50万兵力，还有两支附属部队（分别是尤金率领的8万人马和热罗姆·波拿巴率领的7万人马）。此外，拿破仑在波罗的海海岸部署了3.25万官兵，在右翼还有3.4万名奥军部队。第二梯队部队有16.5万兵力，另有6万人的后备力量部署在德国和华沙大公国以及1万人的丹麦部队部署在荷尔斯泰因。在第一梯队和第二梯队部队中，法军的所占比例还不到一半。尽管拿破仑投入了大量的精力，进行了艰苦的准备，但控制如此规模的部队已经超出了他的能力。

拿破仑提议向东发动进攻，右翼的热罗姆向华沙折返，吸引俄军紧跟其后，使拿破仑得以挥师南下，对格罗德诺进行一场包围战。俄军部署了两个野战军团，分别是巴克莱的第1军团和巴格拉季昂的第2军团，第3军团则在托马索夫的率领下在第1和第2军团身后集结。6月23日，法军跨过涅曼河，却发现俄军并未按预期行动。瓢泼的大雨和糟糕的路况迟滞了法军的行动，计划中的包围行动成为一纸空谈。精心设计的“斯摩棱斯克机动作战”引发了8月17日的法俄两军对垒。尽管法军占领该城，但未能困住巴克莱。

我们无法确定俄军的撤退行动是否为事先计划。而俄国国内对于撤退行动的不满情绪逐渐在上升，促使亚历山大决定由库图佐夫接过指挥权。库图佐夫在博罗季诺村附近占据有利位置，此处距离莫斯科75英里，地处莫斯科瓦附庸卡娜沙山谷。俄军还构筑了野战工事，对阵地进行加固。9月7日，拿破仑在此向库图佐夫发动进

左图：法军迫近莫斯科。身着齐整军服的缪拉是法军9月14日午夜首批入城者之一。拿破仑于第二天抵达该城。

下图：这幅全景图显示的是9月7日进行的博罗季诺战役的场景。

攻。尽管法军向俄军大型棱堡的主防御阵地发动猛攻，但俄军在战斗中表现出固有的顽强。在这令人震撼的一天行将结束时，法军已损失至少3万人，俄军损失可能达到4.4万人——约合参战部队兵力的三分之一。9月14日，法军进入莫斯科，之前并未进行决定性战役，而此时已经是当年的下半年。

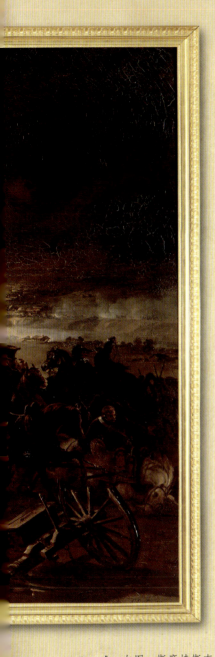

彼得·伊万诺维奇·
巴格拉季昂亲王
（1765—1812 年）

巴格拉季昂出身于格鲁吉亚家庭，于1782年参加俄军。他先是在波兰作战，后于1799年在意大利和瑞士作战。在此后的一系列战役中，他担任后卫部队指挥官，表现顽强。他坚强的勇气在弗里德兰战役中黯淡的日子里得到了展现。1808年，他率部穿越冰冻的波的尼亚湾，占领了奥兰群岛。在博罗季诺战役中，他在指挥左翼部队时受了致命伤。为此，苏军将1944年收复白俄罗斯的攻击战命名为“巴格拉季昂行动”。

左图：斯摩棱斯克战役。8月17日，法军向这座严密防守的城市发动进攻，战斗持续到夜晚。巴克莱借助夜色的掩护撤离该城，此举也引发了争议。

俄国战场：火与雪

莫斯科处于不设防的状态：许多居民已经逃离，留下的人则拒绝接受法国人。

没过多久，饥饿的士兵们闯入大门紧闭的民宅和店铺。更糟糕的事情还在后面。莫斯科总督罗斯托普金伯爵此前曾准备将装有可能对侵略者有用物资的仓库全部烧毁，并下令撤出该城的消防车。他的下属开始放火，但之后一直有罪犯伺机行窃。到了 9 月 15 日，一阵狂风使火焰穿过这座木质建筑的城市。抢劫行动已

左图：莫斯科大火在当时造成了广泛的影响。这幅法国畅销画作将这座燃烧的城市作为法军兵临城下的背景。

下图：冬季的地狱般场景。这幅俄国画作捕捉到跨越别列津河的恐慌。

是司空见惯；拿破仑大军的乌合之众在劫掠和强暴，军纪已然毫无约束。情况如此糟糕，拿破仑只得离开这座城市。当他于 9 月 18 日返回莫斯科时，整座城市已有三分之二被焚毁。他向亚历山大送去了咨文，并对一位信使说："我想要和平，我需要和平，我必须拥有和平。"但他并没有认识到，俄国人已经通过焚毁都城而明确无误地发出信号：这是一场你死我活的战斗。信使将莫斯科陷落的消息送至亚历山大，向他的君主保证："敌人进入莫斯科，并不意味着征服了俄国。"

法军的交通线路被博罗季诺战役中的伤兵以及态度粗暴的增援部队阻塞，调集这些增援力量常常要耗尽法国盟国的人力资源。俄国人的情况也好不了多少：高级军官们相互争吵，掉队士兵和哥萨克骑兵则是四处抢掠。俄国专制政府已无法确保能够在莫斯科陷落的打击下渡过难关。许多俄国人开始"两面下注"，以防俄政权崩溃。农奴们

米歇尔·内伊
（1769—1815 年）

内伊是萨尔路易斯一位制桶工的儿子，于1787年加入轻骑兵部队。他参加了法国大革命，在身经百战之后于1796年成为将军，后于1804年成为元帅。1805—1807年期间，他是一位成功的军长，但在西班牙与马塞纳不睦，于1811年奉调回国。1812年，内伊以极佳的勇气指挥着后卫部队，并被封为莫斯科瓦亲王，但此后他再未有过这般出色的表现。1815年，他率部与拿破仑会合，并在滑铁卢进行漫无计划的攻击。他接受了同僚们的审判，在卢森堡花园的墙边被枪决：他本人亲自下达了开枪的命令。

有时抱着加入游击队的希望，并因此拒绝服从他们的雇主。不过，国家遭受的外敌侵略使得民众的抗敌热情和政府的勇气受到激发——这在俄国历史上并非最后一次。

亚历山大很快就宣布，他不会选择和谈。他表态称：“现在正是我们开战的时刻。”——这句话已是广为人知。9 月24 日，拿破仑近卫军的一支骑兵部队在企图重新打通莫贾伊斯克的主干道时被消灭。拿破仑部队交通线承受的压力也在增加——这条交通线在法国境内就有 580 公里（360 英里）长，并延伸 900 公里（550 英里）至莫斯科。10 月 18 日，拿破仑决定撤至卡卢加，这与库图佐夫决定进军的地点“不谋而合”。10 月 24—25 日，双方围绕着小雅罗斯拉夫韦茨以北的卢扎河大桥展开激战。当时拿破仑仍然在使用这条路线，并且保持着一定的主动权。这次战斗促使

第 160 页图：1812 年 11 月 17—18 日，拿破仑将攻击重心转向克拉斯内。俄国游击队领导人达维多夫回忆道：“拿破仑率领近卫军杀入我们的哥萨克骑兵部队，就像一艘巨型炮舰杀入渔船船队一般。”

左图：这幅卡通漫画的创作者可能是一位旅居英国的法国艺术家。漫画揭示了拿破仑失败的原因是其熊熊野心——他一只脚踏着西班牙，另一只脚踏着俄国。

他回撤至此前向俄国进军时使用的公路。

撤退行动使法军在通过博罗季诺时丢下了遍野的尸体。10 月 31 日，拿破仑在维亚济马得到消息，在库图佐夫向他的后卫部队施压的同时，第二支俄军部队则在奇恰戈夫的率领下进至布列斯特—里托夫斯克周围，准备向他的南翼部队发动猛攻；另一支俄军部队在维特根斯坦的率领下正从北方进逼。在 11 月 3 日第一场冬雪降临之前，法军许多作战团已经混乱无序。当拿破仑的军队在一周后抵达斯摩棱斯克之时，发现在那里期待中的补给物资几乎荡然无存。11 月 17 日，拿破仑出动了仍然保持高昂士气的近卫军，在克拉斯内进行了激烈的反击作战，从而扫清了道路。11 月 21 日，之前与主力部队分开的内伊作战军再度与大部队会合，这令拿破仑全军上下为之欣喜。

当法军抵达别列津河的时候，他们发现桥梁已被破坏。冰雪突然融化之后，流淌的河水使部队无法通过。不过，他们在鲍里索夫北部发现了一处浅滩，部队可以从此处过河，掩护工兵建造栈桥。奇恰戈夫在别列津河上游和下游的佯攻，使他能够在此过程中观察法军的渡河行动。法军幸存人员于 11 月 25—29 日渡河，之后蹒跚西行，后卫部队则由顽强不屈的内伊指挥。12 月 5 日，拿破仑将指挥权交给缪拉，随后急速离开前往巴黎。此时他已损失了大约 40 万名法军及盟军官兵。一位历史学家对双方的损失进行了统计，包括军人和平民在内，得出总伤亡人数为 200 万。如此规模的伤亡，使得这场战役在人员损失方面已经超过了 1916 年索姆河战役和凡尔登战役的总和。这场灾难之后，拿破仑再也没能完全恢复元气。

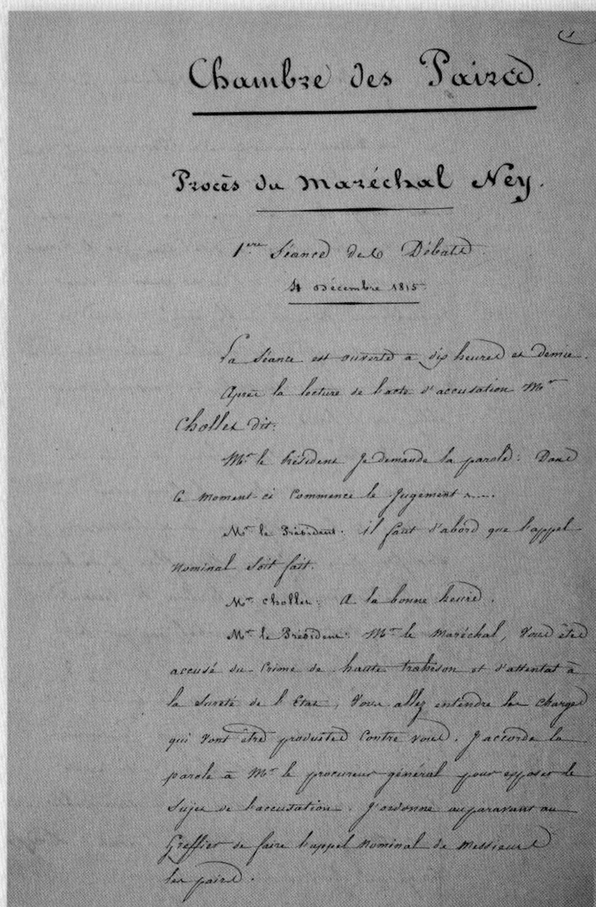

Chambre des Pairs

Procès du Maréchal Ney.

1re Séance des Débats

4 décembre 1815.

La séance est ouverte à dix heures et demie.

Après la lecture de l'acte d'accusation Mr Challet dit:

Mr le Président je demande la parole: dans le moment ci commence le jugement ...

Mr le Président: il faut d'abord que l'appel nominal soit fait.

Mr Challet: À la bonne heure.

Mr le Président: Mr le Maréchal, vous êtes accusé du crime de haute trahison et d'attentat à la sûreté de l'État, vous allez entendre les charges qui vont être produites contre vous. J'accorde la parole à Mr le procureur général pour exposer le sujet de l'accusation. J'ordonne auparavant au Greffier de faire l'appel nominal de Messieurs les pairs.

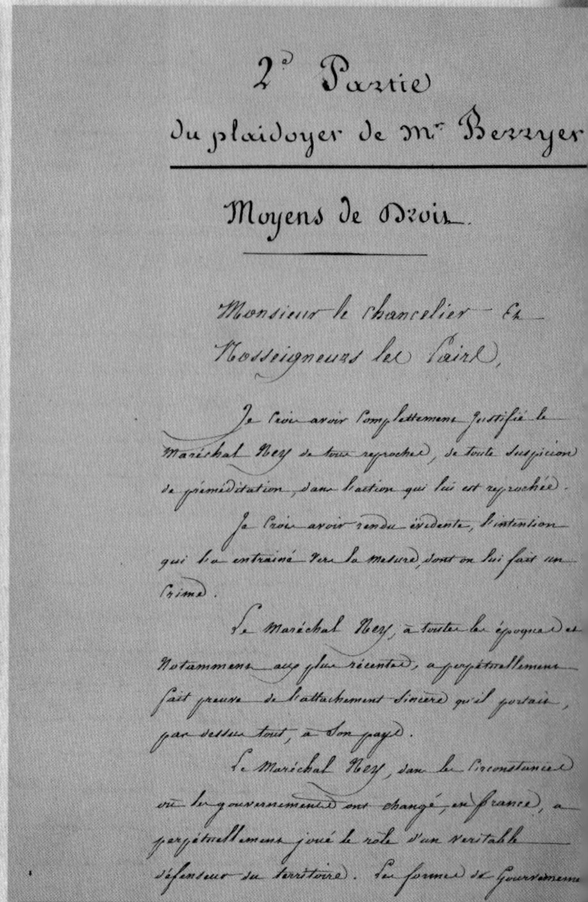

2e Partie

du plaidoyer de Mr Berryer

Moyens de Droit

Monsieur le chancelier et Messeigneurs les Pairs,

Je crois avoir complètement justifié le Maréchal Ney de tous reproches, de toute suspicion de préméditation, dans l'action qui lui est reprochée.

Je crois avoir rendu évidente, l'intention qui l'a entraîné vers la mesure, dont on lui fait un crime.

Le Maréchal Ney, à toutes les époques et notamment aux plus récentes, a perpétuellement fait preuve de l'attachement sincère qu'il portait, par dessus tout, à son pays.

Le Maréchal Ney, dans les circonstances où les gouvernements ont changé, en France, a perpétuellement joué le rôle d'un véritable défenseur du territoire. Les formes de Gouvernement

上图：1812年，内伊元帅指挥着拿破仑大军的后卫部队。但在1815年12月，却因为在百日王朝期间背弃波旁王朝，在巴黎议会（波旁王朝效仿英国上议院创建的机构）接受审判。当被问及对判决有什么意见时，内伊迅速起身答道：“没有，先生。”这是取自他的审判的卷宗原件。

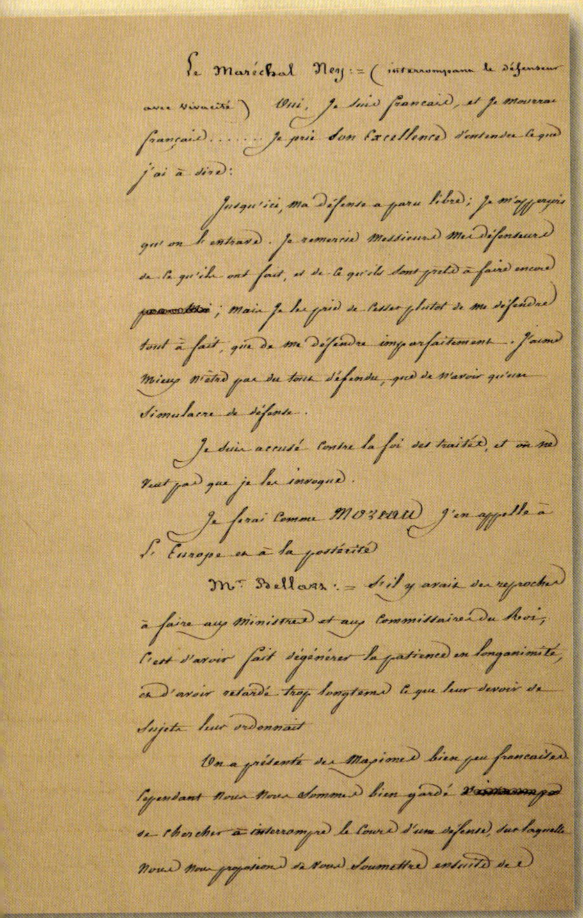

Le Maréchal Ney := (interrompant le défenseur avec vivacité) Oui, je suis français, et je mourrai français...... Je prie Son Excellence d'entendre ce que j'ai à dire:

Jusqu'ici, ma défense a paru libre; je m'aperçois qu'on l'entrave. Je remercie Messieurs mes défenseurs de ce qu'ils ont fait, et de ce qu'ils sont prêts à faire encore ~~[illegible]~~; mais je les prie de cesser plutôt de me défendre tout à fait, que de me défendre imparfaitement. J'aime mieux n'être pas du tout défendu, que de n'avoir qu'un simulacre de défense.

Je suis accusé contre la foi des traités, et on ne veut pas que je les invoque.

Je ferai comme MOREAU j'en appelle à l'Europe et à la postérité

Mr. Bellart := S'il y avait des reproches à faire aux ministres et aux Commissaires du Roi, c'est d'avoir fait dégénérer la patience en longanimité, et d'avoir retardé trop longtems ce que leur devoir de sujets leur ordonnait

On a présenté des maximes bien peu françaises cependant nous nous sommes bien gardés ~~[illegible]~~ de chercher à interrompre le cours d'une défense, sur laquelle nous nous proposions de nous soumettre ensuite de

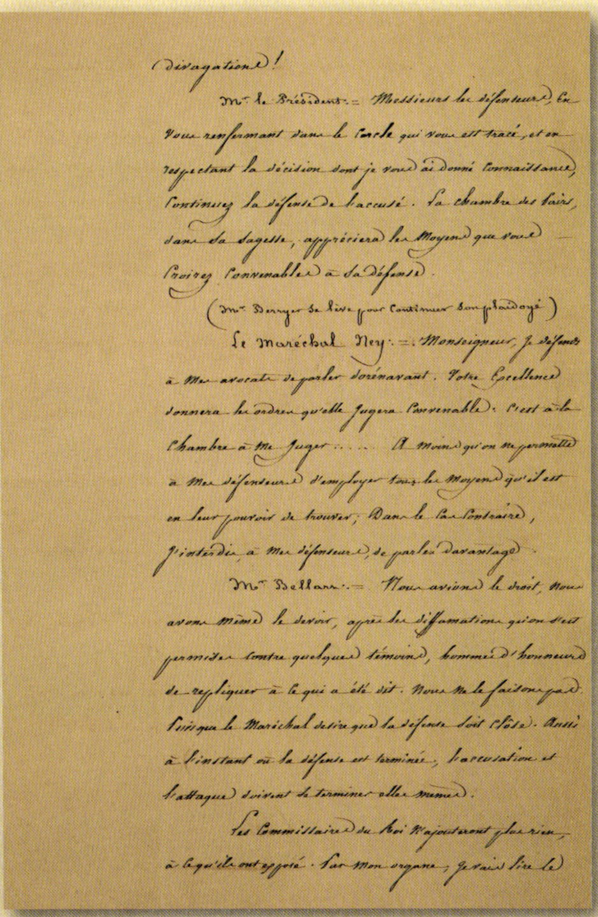

divagations!

Mr. le Président := Messieurs les défenseurs, en vous renfermant dans le cercle qui vous est tracé, et en respectant la décision dont je vous ai donné connaissance, continuez la défense de l'accusé. La chambre des Pairs, dans sa sagesse, appréciera les moyens que vous croirez convenables à sa défense.

(Mr. Berryer se lève pour continuer son plaidoyé)

Le Maréchal Ney := Monseigneur, je défends à mes avocats de parler dorénavant. Votre Excellence donnera les ordres qu'elle jugera convenable. C'est à la Chambre à me juger..... A moins qu'on ne permette à mes défenseurs d'employer tous les moyens qu'il est en leur pouvoir de trouver, dans le cas contraire, j'interdis à mes défenseurs de parler davantage.

Mr. Bellart := Nous avions le droit, nous avons même le devoir, après les diffamations qu'on s'est permises contre quelques témoins, hommes d'honneur de répliquer à ce qui a été dit. Nous ne le faisons pas puisque le Maréchal désire que sa défense soit close. Aussi à l'instant où la défense est terminée, l'accusation et l'attaque doivent se terminer elles mêmes.

Les Commissaires du Roi n'ajouteront plus rien, à ce qu'ils ont opposé. Par mon organe, je vais lire le

右图：一位不知名的目击者绘制的令人震撼的场景，图中显示的是别列津河与尼曼河之间的幸存者。部队此时已是一盘散沙。在图中最显著的位置，一些士兵正在切割一匹死马，其他人则正在扒下一名伤员的衣服。

LIBERTÉ, EGALITÉ
FRATERNITÉ, OU LA MORT.

军事医疗

伤亡是战争“必须付出的代价”，这或许是老生常谈。但在拿破仑时代，这个代价可谓史无前例。

拿破仑曾经问过一位俄国谈判者：“你们的国君是否像我一样，可以每个月承受2.5万人的伤亡？”医学取得的进展还是大约半个世纪之前的事，例如发现了乙醚和氯仿。躺在外科医生手术台上的士兵，能够指望的至多是灌一大口酒，然后在手术刀切入身体的时候用牙齿咬住皮带。当时几乎不懂得清洁卫生，疾病造成的部队死亡人数比大炮、滑膛枪和马刀还要多。在半岛战役中，英军有8889名官兵死于战火，而死于疾病的人数达到2.49万人。被派到圣多明哥的法国远征军，在几个月内就有2万多名官兵死于黄热病。1808年12月，有5万名法军官兵在西班

上图：1812年，拉雷越过别列津河。他深受官兵爱戴，不难想到会有一名经验丰富的掷弹兵帮助他从溃退的法军部队中间穿过，抵达安全地带。

下图：1814年2月11日，蒙米拉伊战役结束后，法军伤兵沿圣马丁大道进入巴黎。

上图：拉雷正在战场上为一名士兵动手术。事实上，他的大部分工作都是在距离火线不远的临时性战地医院进行。

牙染病或负伤。即使是在相对宜人的意大利里沃那，一场传染病就造成了前线第62步兵团的800名官兵丧生。

受伤后因伤重身亡的士兵人数，已经超过了在战场上阵亡的士兵。如果腹部受了贯穿伤，即使得到及时救治，死亡的概率仍然可能高于存活的概率。火枪子弹通常会将未燃尽的火药、填塞物和污渍的布料带入伤口，伤口感染几乎是不可避免的。枪炮火力造成的肢体创伤通常需要进行截肢手术，即使能在手术引发的休克或者大出血中得以幸存，也仍然有可能因术后感染而丧生。

在这一时期的开始阶段，法军各个营均配有一名医生，并建有战地和定点医院。曾在意大利和埃及为拿破仑效力的拉雷，是一位技艺高超的组织者和天生的即席演讲者。他认识到有必要尽快将伤员从战场转送至战地医院。拉雷设计了两种有弹簧支撑的马车：一种是轻型的两轮马车，可

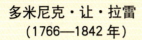

多米尼克·让·拉雷
（1766—1842年）

拉雷出身贫寒，由在图卢兹担任外科医生的叔父对他进行培训。之后他前往巴黎，因考试成绩出色成为一名海军军医。由于晕船，他只能待在岸上。拉雷在拿破仑手下担任了一系列职位，于1805年成为医务总监。他参加了历次重大战役，在瓦格拉姆战役后被册封为男爵。尽管他在百日王朝时代追随拿破仑（后者遗赠给他10万法郎），但仍然受到波旁王朝的称道。他的技艺、人道和幽默受到了广泛尊重。

运送2名重伤员；另一种是四轮马车，可运送4名重伤员。他首创的“飞行救护车”成为大型救护队的组建模式，每个军团救护队“由340人组成，包括军官、士官和士兵”，可分别配属到3个师，每个师救护队配备12辆轻型马车和4辆重型马车，也可在形势需要时集中在一起。他的同事珀西同样希望能够尽快为伤员提供救助，但他更倾向于使用救护车将军医送到前线，并设计使用担架兵收救伤员，并运送到急救站。拉雷的救助体系已成为拿破仑军队的标配，而珀西的担架兵方式也得到了应用。

拉雷深信手术越快越好，而且必须在受伤后24小时之内进行，最好是受伤后即刻动手术。在博罗季诺战役期间以及战役刚刚结束后，他本人就亲自实施了约200次截肢手术。拉雷意识到伤口过早愈合会带来危险，这种认识对于那个时代的外科大夫而言是难能可贵的。他强调“清

詹姆斯·麦克格里戈
（1771—1858 年）

麦克格里戈于1793年加入第88步兵团，担任军医。当时，他还没有完成他的学位，而这是英国军医界地位的一项指标。作为一位人道的绅士，在军官餐厅度过的第一个夜晚令他终生痛恨酗酒。麦克格里戈先是在英属殖民地和佛兰德斯工作，后来成为威灵顿公爵在伊比利亚半岛的高级医疗官。他创建了小型团级医院，提供及时救治，并且尽最大努力确保更大型的医院得以正常运行。战争结束后，他担任陆军医务部总监，在提高医疗官的地位和职业能力方面做了大量的工作。1850年，英军医疗官获得了被授予巴斯勋章的资格。英国外科医学周刊《柳叶刀》称之为“推动我们的职业朝着得到国家公平对待的方向迈出的最伟大一步”。威灵顿将他称为“我所遇见的最勤勉、最能干、最成功的公职人员之一”。他作为成功人士的标志之一是获得了准男爵爵位和二等巴斯勋章。

创术”——将坏死的组织从伤口处清除，这种处理方法不时会得到应用，最近一次应用者是 1982 年马岛战争中的英国军医。珀西对于截肢手术更为谨慎，但在必须采取这种手术时，他认定速度是关键，他的目标是在 8 秒钟之内截除伤肢。

在大规模战役中，医疗救助总是会陷入困境。在博罗季诺战役中，到处散布着法军和俄军伤兵，构成一副凄惨的景象。这场战役伤亡的惨烈程度，只有 1916 年索姆河战役的第一天能够与之相比拟。许多法军伤兵被塞入克洛茨科瓦修道院，散布在莫扎伊斯克各座建筑的周围，但负责救助他们的军官既没有医疗器械，也没有护士：这些伤兵中有许多人因饥饿和干渴而死。法军与当时的大多数国家军队一样，将医生交由文职官员主导的军队行政部门管辖。这些医生虽然有军官身份，但并没有委任军官的正式职权。医务部门在进行彻底改革之前，还需要经历更多的战争和痛苦。

右上图：一名法军医疗官的工具，用于及时处理伤口。这些工具装在一个配有斜跨肩带的皮囊里。

右中图：在滑铁卢战役中用于对英军骑兵部队指挥官阿克斯布里奇勋爵的大腿实施截肢手术的医用钢锯。

下图：位于巴黎市中心的荣军院曾经被路易十四建作医院，用于安置伤残军人。图中显示的是拿破仑于1808年2月11日来到这座医院进行视察。

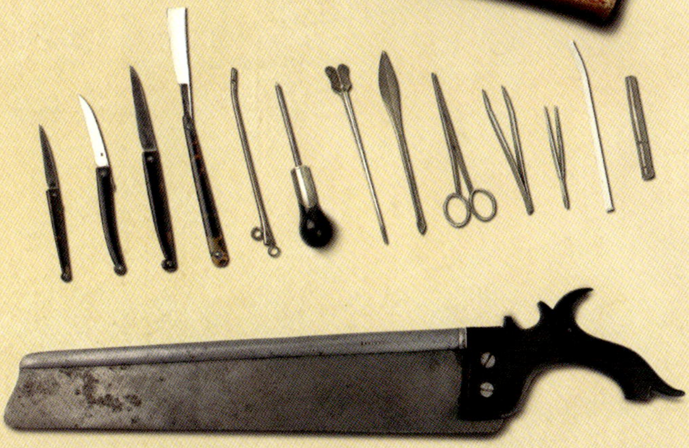

兵败西班牙（1812—1814 年）

1812年年初，威灵顿公爵向罗德里戈城发动猛攻。该城是守卫西班牙边境的两座要塞之一，位于北端。攻击行动于1月19日发起。

随后，威灵顿会师南下，扑向巴达霍斯。巴达霍斯楔入瓜迪亚纳河和里瓦拉斯河之间，有 4000 名法军官兵驻守，工事比罗德里戈城坚固得多。3 月 17 日，英军开始围攻巴达霍斯。4 月 6 日夜，英军发动全面进攻，最终在付出了巨大伤亡后强行突入城中。进攻者因为所见到的场景和盗得的酒水而发狂，表现得极其拙劣。威

上图：1812 年 4 月 6 日，威灵顿公爵向巴达霍斯发动猛攻。在图中央，一颗地雷在主要突破口的攻击部队中间爆炸。这个突破口设有防栅——布满剑刃的木料。

灵顿非常震怒，几乎不愿意为他们攻克城池而致以谢意。

在西班牙境内仍然有23万多名法军，而威灵顿手下只有7万名英国和葡萄牙正规军。但法军被分割成5支部队，各部队的指挥官还常常看法不一致。他们除了要与威灵顿的部队作战之外，还需要对付西班牙的正规军和游击队，因此根本无法集中力量应对威灵顿。而威灵顿则在考虑到底是进攻南方的苏尔特还是北方的马尔蒙。但在破坏了位于阿尔马拉斯的塔霍河大桥之后，苏尔特和马尔蒙无法相互支援，威灵顿决定先进攻马尔蒙。他于6月中旬抵达萨拉曼卡。7月22日，在经过多次往返行进之后，他注意到马尔蒙的部队正呈一列纵队前行。威灵顿向法军发动进攻，从而迫使法军向后收缩：如若不是因为托梅斯河畔阿尔瓦大桥的西班牙守军后撤，法军将连一兵一卒都无法逃脱。

此时，法军已经无法阻止威灵顿占领马德里，他于8月12日进入该城。然而，他却错误地制定了下一步行动，拙劣地对布尔戈斯实施围攻——该城刚刚在近期根据拿破仑的命令进行了加固。10月21日，威灵顿向葡萄牙撤退，法军则对其紧追不舍。他进入了葡萄牙边境的冬季营地，而此时，拿破仑大军的幸存者正从俄国后撤。到了1813年春，法军在西班牙境内仍有20万兵力，但已经没有指望能够得到增援。

罗伯特·克劳福德
（1764—1812年）

克劳福德是一位苏格兰准男爵的第三个儿子，曾在1790—1792年迈索尔战役中担任第75步兵团团长。但他最为人熟知的还是在半岛负责指挥轻型步兵旅（后扩建为轻型步兵师）。克劳福德脾气暴躁，性情急躁：1810年在科阿山谷，他侥幸避开了与内伊的交战。不过，尽管克劳福德执行纪律非常严厉，一名步枪手还是这样评价道："我认为在所有英国军人中，再没有谁比克劳福德更值得我崇拜了。"克劳福德在罗德里戈城攻坚战中受了致命伤。

能力出众的威灵顿情报机构向他报告称，由约瑟夫和维克多率领的6.6万多名敌军主力部队已经放弃了马德里，企图在西北部地区与克洛泽尔会合。约瑟夫的部队受累于他的宫廷排场（一位将军称之为“逛妓院”）。6月28日，威灵顿的8万人马在位于萨多拉河谷地的维多利亚追上了约瑟夫。他胜利的喧嚣声回荡在整个欧洲：圣彼得堡在唱诵赞美诗，贝多芬则谱写了《威灵顿的胜利》表示祝贺。

苏尔特在比利牛斯山开始行使法军的指挥权，他恢复了部队士气，随后在龙塞斯瓦列斯和玛雅重创英军部队。威灵顿在索劳伦将苏尔特挫败，接着又于9月向圣塞瓦斯蒂安发动猛攻。威灵顿强行渡过比多索阿河，在尼维尔、尼夫河和圣皮埃尔战役中突破了苏尔特在法国境内的防御，并继续向前挺进，威胁巴约讷。1814年2

左图：1812年1月19日，英军向罗德里戈城城墙的两处突破口发动进攻。如图所示，尽管法军向攻击者发射起爆炮弹，并且引爆了埋设在一处突破口的地雷，但英军还是很快突入了城镇。

上图：1812年7月22日，威灵顿公爵在萨拉曼卡战役中打败了马尔蒙。当时威灵顿注意到，行进中的法军作战师很容易遭受攻击而被打垮。于是他亲自发动进攻，策马奔向他的师长们，命令他们前进。

月27日，他在奥塔斯战败了苏尔特，但仍需小心谨慎，以防絮歇从加泰罗尼亚悄悄向北疾行，与苏尔特会合。当年4月，威灵顿在图卢兹附近向苏尔特发动进攻，但法军在经过妥善防御后悄悄撤离。4月12日，威灵顿正在着装准备参加城中的晚宴时，传令官带来了拿破仑已于4月6日退位的消息。

奥古斯特·菲特烈·路易·维塞·德·马尔蒙（1774—1852年）

马尔蒙是法国皇家陆军的一名炮兵军官，接受了大革命思想，战场表现出色。他曾在雾月政变中助拿破仑一臂之力，但因在1804年未能被授予元帅军衔而心怀怨恨。他实施了拿破仑对炮兵进行改革的举措，是一位成功的战地指挥官，于1809年被授予元帅军衔和男爵勋位。马尔蒙在萨拉曼卡战役中被威灵顿战败。1814年，马尔蒙早早投降，使他的封号“拉古萨公爵”成为嘲弄的对象——“拉古萨”已成为背叛的的代名词。不过，马尔蒙后来一直效忠于波旁王朝的查理十世，于1830年追随他一道流亡。

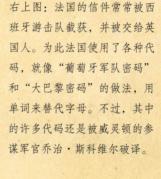

右上图：法国的信件常常被西班牙游击队截获，并被交给英国人。为此法国使用了各种代码，就像“葡萄牙军队密码”和“大巴黎密码”的做法，用单词来替代字母。不过，其中的许多代码还是被威灵顿的参谋军官乔治·斯科维尔破译。

右下图：1812年9月，威灵顿向布尔戈斯发动进攻。尽管外城最终被占领，但法军继续坚守内城和古老的要塞，威灵顿被迫撤退。

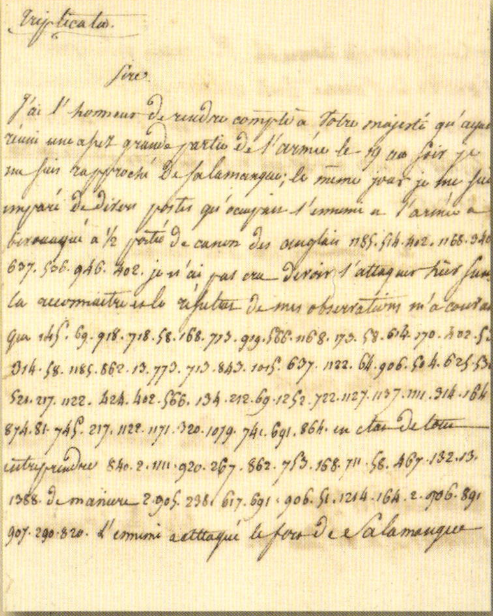
Triplicata.

Sire

J'ai l'honneur de rendre compte à Votre majesté qu'ayant réuni une assez grande partie de l'armée le 19 au soir je me suis rapproché de Salamanque; le même jour je me suis emparé de divers postes qu'occupait l'ennemi et l'armée a bivouaqué à ½ portée de canon des anglais 1185.514.402.1168.340 637.506.946.402. je n'ai pas cru devoir l'attaquer hier sur la reconnaitre et le résultat de mes observations m'a constaté que 1015.69.918.718.58.168.773.959.566.1168.173.58.614.170.402.5 314.58.1185.862.13.773.713.843.1015.637.1122.64.906.504.625.53 521.217.1122.424.402.566.134.212.69.1252.722.1127.1137.111.314.164 874.81.745.217.1122.1171.320.1079.741.691.864. en état de tout entreprendre 840.2.1111.920.267.862.753.168.711.58.467.132.13. 1388. de manière 2.905.238.617.691.906.51.1214.164.2.906.891 907.290.820. L'ennemi a attaqué le fort de Salamanque

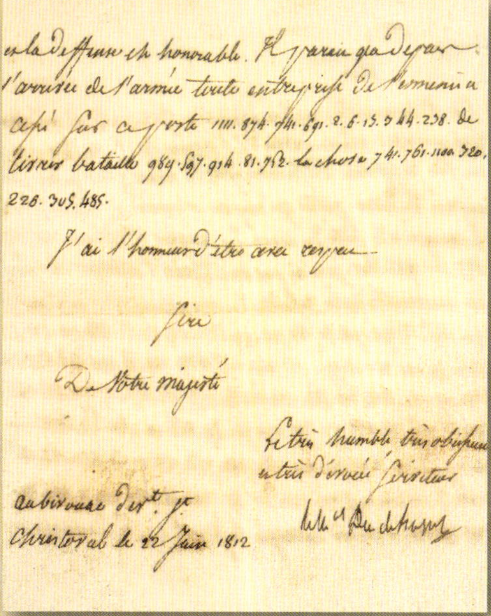
et la défense est honorable. Il parait que depuis l'arrivée de l'armée toute entreprise de l'ennemi a cessé sur ce poste 1111.874.741.691.2.6.13.744.238. de livrer bataille 984.597.914.81.752. la chose 741.761.1100.320. 226.305.485.

J'ai l'honneur d'être avec respect

Sire

De Votre majesté

Le très humble, très obéissant et très dévoué serviteur

Mal Duc de Raguse

au bivouac de St. Christoval le 22 Juin 1812

下图：1812年8月16日出版的《伦敦宪报》专刊，刊登了威灵顿公爵关于萨拉曼卡战役的报告，还有阵亡和负伤的英军军官名册。

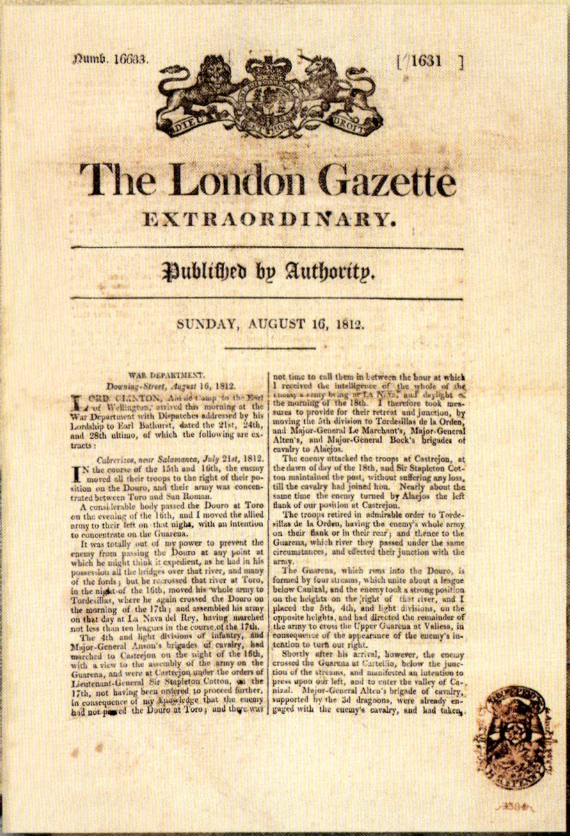

Numb. 16633. [1631]

The London Gazette

EXTRAORDINARY.

Published by Authority.

SUNDAY, AUGUST 16, 1812.

WAR DEPARTMENT.

Downing-Street, August 16, 1812.

LORD CLINTON, Aid-de-Camp to the Earl of Wellington, arrived this morning at the War Department with Dispatches addressed by his Lordship to Earl Bathurst, dated the 21st, 24th, and 28th ultimo, of which the following are extracts:

Cabrerizos, near Salamanca, July 21st, 1812.

IN the course of the 15th and 16th, the enemy moved all their troops to the right of their position on the Douro, and their army was concentrated between Toro and San Roman.

A considerable body passed the Douro at Toro on the evening of the 16th, and I moved the allied army to their left on that night, with an intention to concentrate on the Guarena.

It was totally out of my power to prevent the enemy from passing the Douro at any point at which he might think it expedient, as he had in his possession all the bridges over that river, and many of the fords; but he recrossed that river at Toro, in the night of the 16th, moved his whole army to Tordesillas, where he again crossed the Douro on the morning of the 17th; and assembled his army on that day at La Nava del Rey, having marched not less than ten leagues in the course of the 17th.

The 4th and light divisions of infantry, and Major-General Anson's brigades of cavalry, had marched to Castrejon on the night of the 16th, with a view to the assembly of the army on the Guarena, and were at Castrejon under the orders of Lieutenant-General Sir Stapleton Cotton, on the 17th, not having been ordered to proceed further, in consequence of my knowledge that the enemy had not passed the Douro at Toro; and there was not time to call them in between the hour at which I received the intelligence of the whole of the enemy's army being at La Nava, and daylight of the morning of the 18th. I therefore took measures to provide for their retreat and junction, by moving the 5th division to Tordesillas de la Orden, and Major-General Le Marchant's, Major-General Alten's, and Major-General Bock's brigades of cavalry to Alaejos.

The enemy attacked the troops at Castrejon, at the dawn of day of the 18th, and Sir Stapleton Cotton maintained the post, without suffering any loss, till the cavalry had joined him. Nearly about the same time the enemy turned by Alaejos the left flank of our position at Castrejon.

The troops retired in admirable order to Tordesillas de la Orden, having the enemy's whole army on their flank or in their rear; and thence to the Guarena, which river they passed under the same circumstances, and effected their junction with the army.

The Guarena, which runs into the Douro, is formed by four streams, which unite about a league below Canizal, and the enemy took a strong position on the heights on the right of that river, and I placed the 5th, 4th, and light divisions, on the opposite heights, and had directed the remainder of the army to cross the Upper Guarena at Vallesa, in consequence of the appearance of the enemy's intention to turn our right.

Shortly after his arrival, however, the enemy crossed the Guarena at Carteillo, below the junction of the streams, and manifested an intention to press upon our left, and to enter the valley of Canizal. Major-General Alten's brigade of cavalry, supported by the 3d dragoons, were already engaged with the enemy's cavalry, and had taken,

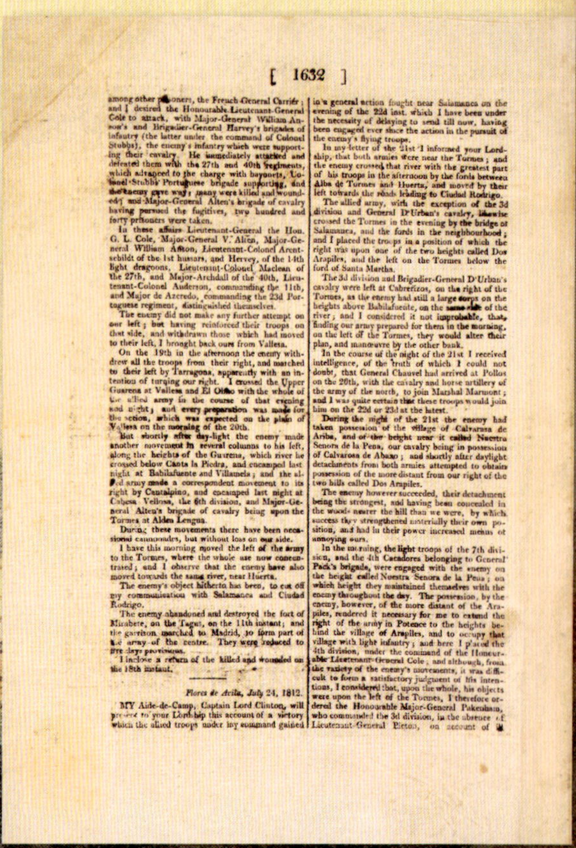

[1632]

among other prisoners, the French General Carrier; and I desired the Honourable Lieutenant-General Cole to attack, with Major-General William Anson's and Brigadier-General Harvey's brigades of infantry (the latter under the command of Colonel Stubbs), the enemy's infantry which were supporting their cavalry. He immediately attacked and defeated them with the 27th and 40th regiments, which advanced to the charge with bayonets, Colonel Stubbs' Portuguese brigade supporting, and the enemy gave way; many were killed and wounded; and Major-General Alten's brigade of cavalry having pursued the fugitives, two hundred and forty prisoners were taken.

In these affairs Lieutenant-General the Hon. G. L. Cole, Major-General V. Alten, Major-General William Anson, Lieutenant-Colonel Arentschildt of the 1st hussars, and Hervey, of the 14th light dragoons, Lieutenant-Colonel Maclean of the 27th, and Major-Archdall of the 40th, Lieutenant-Colonel Anderson, commanding the 11th, and Major de Azeredo, commanding the 23d Portuguese regiment, distinguished themselves.

The enemy did not make any further attempt on our left; but having reinforced their troops on that side, and withdrawn those which had moved to their left, I brought back ours from Vallesa.

On the 19th in the afternoon the enemy withdrew all the troops from their right, and marched to their left by Tarragona, apparently with an intention of turning our right. I crossed the Upper Guarena at Vallesa and El Olmo with the whole of the allied army in the course of that evening and night; and every preparation was made for the action, which was expected on the plain of Vallesa on the morning of the 20th.

But shortly after day-light the enemy made another movement in several columns to his left, along the heights of the Guarena, which river he crossed below Canta la Piedra, and encamped last night at Babilafuente and Villamela; and the allied army made a correspondent movement to its right by Cantalpino, and encamped last night at Cabesa Vellosa, the 6th division, and Major-General Alten's brigade of cavalry being upon the Tormes at Aldea Lengua.

During these movements there have been occasional cannonades, but without loss on our side.

I have this morning moved the left of the army to the Tormes, where the whole are now concentrated; and I observe that the enemy have also moved towards the same river, near Huerta.

The enemy's object hitherto has been, to cut off my communication with Salamanca and Ciudad Rodrigo.

The enemy abandoned and destroyed the fort of Mirabete, on the Tagus, on the 11th instant; and the garrison marched to Madrid, to form part of the army of the centre. They were reduced to five days provisions.

I inclose a return of the killed and wounded on the 18th instant.

Flores de Avila, July 24, 1812.

MY Aide-de-Camp, Captain Lord Clinton, will present to your Lordship this account of a victory which the allied troops under my command gained in a general action fought near Salamanca on the evening of the 22d inst. which I have been under the necessity of delaying to send till now, having been engaged ever since the action in the pursuit of the enemy's flying troops.

In my letter of the 21st I informed your Lordship, that both armies were near the Tormes; and the enemy crossed that river with the greatest part of his troops in the afternoon by the fords between Alba de Tormes and Huerta, and moved by their left towards the roads leading to Ciudad Rodrigo.

The allied army, with the exception of the 3d division and General D'Urban's cavalry, likewise crossed the Tormes in the evening by the bridge of Salamanca, and the fords in the neighbourhood; and I placed the troops in a position of which the right was upon one of the two heights called Dos Arapiles, and the left on the Tormes below the ford of Santa Martha.

The 3d division and Brigadier-General D'Urban's cavalry were left at Cabrerizos, on the right of the Tormes, as the enemy had still a large corps on the heights above Babilafuente, on the same side of the river; and I considered it not improbable, that, finding our army prepared for them in the morning, on the left of the Tormes, they would alter their plan, and manœuvre by the other bank.

In the course of the night of the 21st I received intelligence, of the truth of which I could not doubt, that General Chauvel had arrived at Pollos on the 20th, with the cavalry and horse artillery of the army of the north, to join Marshal Marmont; and I was quite certain that these troops would join him on the 22d or 23d at the latest.

During the night of the 21st the enemy had taken possession of the village of Calvarasa de Ariba, and of the height near it called Nuestra Senora de la Pena, our cavalry being in possession of Calvarosa de Abaxo; and shortly after daylight detachments from both armies attempted to obtain possession of the more distant from our right of the two hills called Dos Arapiles.

The enemy however succeeded, their detachment being the strongest, and having been concealed in the woods nearer the hill than we were, by which success they strengthened materially their own position, and had in their power increased means of annoying ours.

In the morning, the light troops of the 7th division, and the 4th Cacadores belonging to General Pack's brigade, were engaged with the enemy on the height called Nuestra Senora de la Pena; on which height they maintained themselves with the enemy throughout the day. The possession, by the enemy, however, of the more distant of the Arapiles, rendered it necessary for me to extend the right of the army in Potence to the heights behind the village of Arapiles, and to occupy that village with light infantry; and here I placed the 4th division, under the command of the Honourable Lieutenant-General Cole; and although, from the variety of the enemy's movements, it was difficult to form a satisfactory judgment of his intentions, I considered that, upon the whole, his objects were upon the left of the Tormes, I therefore ordered the Honourable Major-General Pakenham, who commanded the 3d division, in the absence of Lieutenant-General Picton, on account of

背景图：1813年6月21日，威灵顿公爵在维多利亚战役中打败了约瑟夫，使法国在西班牙的企图彻底破灭。这幅畅销画显示的是战役席卷维多利亚城镇的场景，威灵顿（图左侧）正在观察战况进展。

[1634]

ry by the heavy brigade of the King's German Legion, under Major-General Bock, which was completely successful, and the whole body of infantry, consisting of three battalions of the enemy's first division, were made prisoners.

The pursuit was afterwards continued as far as Penaranda last night; and our troops are still following the flying enemy. Their head-quarters were in this town, not less than ten leagues from the field of battle, for a few hours last night; and they are now considerably advanced on the road towards Valladolid by Arevalo. They were joined yesterday on their retreat by the cavalry and artillery of the army of the North, which have arrived at too late a period, it is to be hoped, to be of much use to them.

It is impossible to form a conjecture of the amount of the enemy's loss in this action; but from all reports it is very considerable. We have taken from them eleven pieces of cannon*, several ammunition waggons, two eagles, and six colours; and one general, three colonels, three lieutenant-colonels, 130 officers of inferior rank, and between six and seven thousand soldiers are prisoners;† and our detachments are sending in more every moment. The number of dead on the field is very large.

I am informed that Marshal Marmont is badly wounded, and has lost one of his arms; and that four general officers have been killed, and several wounded.

Such an advantage could not have been acquired without material loss on our side; but it certainly has not been of a magnitude to distress the army, or to cripple its operations.

I have great pleasure in reporting to your Lordship, that, throughout this trying day, of which I have related the events, I had every reason to be satisfied with the conduct of the general officers and troops.

The relation which I have written of its events will give a general idea of the share which each individual had in them; and I cannot say too much in praise of the conduct of every individual in his station.

I am much indebted to Marshal Sir William Beresford for his friendly counsel and assistance, both previous to, and during the action, to Lieutenant-Generals Sir Stapleton Cotton, Leith, and Cole, and Major-Generals Clinton, and the Honourable Edward Pakenham for the manner in which they led the divisions of cavalry and infantry under their command respectively; to Major-General Hulse, commanding a brigade in the 6th division; Major-General G. Anson, commanding a brigade of cavalry; Colonel Hinde, Colonel the Honourable William Ponsonby, commanding Major-General Le Marchant's brigade, after the fall of that officer; to Major-General William Anson, commanding a brigade in the 4th division; Major-General Pringle, commanding a brigade in the 5th division, and the division after Lieutenant-General Leith was wounded; Brigadier-General Bradford; Brigadier-General Spry, Colonel Stubbs, and Brigadier-General Power of the Portuguese service; likewise to Lieutenant-Colonel Campbell, of the 94th, commanding a brigade in the 3d division; Lieutenant-Colonel Williams, of the 60th foot; Lieutenant-Colonel Wallace, of the 88th, commanding a brigade in the 3d division; Lieutenant-Colonel Ellis, of the 23d, commanding General the Hon. Edward Pakenham's brigade in the 4th division, during his absence in the command of the 3d division; the Hon. Lieutenant-Colonel Greville, of the 38th regiment, commanding Major-General Hay's brigade in the 5th division, during his absence on leave; Brigadier-General Pack; Brigadier-General the Conde de Rezendi, of the Portuguese Service; Colonel Douglas, of the 8th Portuguese regiment; Lieutenant-Colonel the Conde de Ficalho, of the same regiment; and Lieutenant-Colonel Bingham, of the 53d regiment; likewise to Brigadier-General d'Urban, and Lieutenant-Colonel Hervey, of the 14th Light Dragoons; Colonel Lord Edward Somerset, commanding the 4th Dragoons; and Lieutenant-Colonel the Honourable Frederick Ponsonby, commanding the 12th Light Dragoons.

I must also mention Lieutenant-Colonel Woodford, commanding the light battalion of the brigade of Guards, who, supported by two companies of the Fusileers, under the command of Captain Crowder, maintained the village of Arapiles against all the efforts of the enemy, previous to the attack upon their position by our troops.

In a case in which the conduct of all has been conspicuously good, I regret that the necessary limits of a dispatch, prevent me from drawing your Lordship's notice to the conduct of a larger number of individuals; but I can assure your Lordship, that there was no Officer of Corps engaged in this action, who did not perform his duty by his Sovereign and his Country.

The royal and German artillery, under Lieutenant-Colonel Framingham, distinguished themselves by the accuracy of their fire, wherever it was possible to use them; and they advanced to the attack of the enemy's position with the same gallantry as the other troops.

I am particularly indebted to Lieutenant-Colonel De Lancy, the Deputy Quarter-Master-General, the head of the department present in the absence of the Quarter-Master-General, and to the officers of that department, and of the staff corps, for the assistance I received from them, particularly the Honourable Lieutenant-Colonel Dundas, and Lieutenant-Colonel Sturgeon of the latter, and Major Scovell of the former; and to Lieut.-Col. Waters, at present at the head of the Adjutant General's department at head-quarters, and to the officers of that department, as well at head-quarters, as with the several divisions of the army; and Lieutenant-Colonel Lord Fitzroy Somerset, and the officers of my personal staff. Among the latter I particularly request your Lordship to draw the attention of His Royal Highness the Prince Regent to His Serene Highness the Hereditary Prince of Orange, whose conduct in the field, as well as upon every other occasion, entitles him to my highest commendation.

* The official returns only account for eleven pieces of cannon; but it is believed that twenty have fallen into our hands.

† The prisoners are supposed to amount to seven thousand; but it has not been possible to ascertain their numbers exactly, from the advance of the army immediately after the action was over.

[1633]

health, to move across the Tormes with the troops under his command, including Brigadier-General D'Urban's cavalry, and to place himself behind Aldea Tejada, Brigadier-General Bradford's brigade of Portuguese infantry and Don Carlos D'Espana's infantry, having been moved up likewise to the neighbourhood of Las Torres, between the 3d and 4th division.

After a variety of evolutions and movements, the enemy appears to have determined upon his plan about two in the afternoon; and under cover of a very heavy cannonade, which however did us but very little damage, he extended his left and moved forward his troops, apparently with an intention to embrace, by the position of his troops, and by his fire, our post on that of the two Arapiles which we possessed, and from thence to attack and break our line; or at all events to render difficult any movement of ours to our right.

The extension of his line to his left however, and its advance upon our right, notwithstanding that his troops still occupied very strong ground, and his position was well defended by cannon, gave me an opportunity of attacking him, for which I had long been anxious. I reinforced our right with the 5th division, under Lieutenant-General Leith, which I placed behind the village of Arapiles, on the right of the 4th division; and with the 6th and 7th divisions in reserve; and as soon as these troops had taken their stations, I ordered the Hon. Major-General Pakenham to move forward with the 3d division, and General D'Urban's cavalry, and two squadrons of the 14th light dragoons, under Lieutenant-Colonel Hervey, in four columns, to turn the enemy's left on the heights, while Brigadier-General Bradford's brigade, the 5th division, under Lieutenant-General Leith, the 4th division, under the Hon. Lieutenant-General Cole, and the cavalry, under Lieutenant-General Sir Stapleton Cotton, should attack them in front, supported in reserve by the 6th division, under Major-General Clinton, the 7th division, under Major-General Hope, and Don Carlos D'Espana's Spanish division, and Brigadier-General Pack should support the left of the 4th division, by attacking that of the Dos Arapiles, which the enemy held. The 1st and light divisions occupied the ground on the left, and were in reserve.

The attack upon the enemy's left was made in the manner above described, and completely succeeded. Major-General the Hon. Edward Pakenham formed the third division across the enemy's flank, and overthrew every thing opposed to him. These troops were supported in the most gallant style by the Portuguese cavalry under Brigadier-General D'Urban, and Lieutenant-Col Hervey's squadrons of the 14th, who successfully defeated every attempt made by the enemy on the flank of the third division.

Brigadier-General Bradford's brigade, the 5th and 4th divisions, and the cavalry under Lieutenant-General Sir Stapleton Cotton, attacked the enemy in front, and drove his troops before them, from one height to another, bringing forward their right, so as to acquire strength upon the enemy's flank, in proportion to the advance. Brigadier-General Pack made a very gallant attack upon the Arapiles, in which, however, he did not succeed, excepting in diverting the attention of the enemy's corps placed upon it, from the troops under the command of Lieutenant-General Cole, in his advance.

The cavalry under Lieutenant-General Sir Stapleton Cotton made a most gallant and successful charge against a body of the enemy's infantry, which they overthrew and cut to pieces. In this charge Major-General Le Marchant was killed at the head of his brigade; and I have to regret the loss of a most able officer.

After the crest of the height was carried, one division of the enemy's infantry made a stand against the 4th division, which, after a severe contest, was obliged to give way, in consequence of the enemy having thrown some troops on the left of the 4th division, after the failure of Brigadier-General Pack's attack upon the Arapiles, and the Honourable Lieutenant-General Cole having been wounded.

Marshal Sir William Beresford, who happened to be on the spot, directed Brigadier-General Spry's brigade of the fifth division, which was in the second line, to change its front, and to bring its fire on the flank of the enemy's division; and, I am sorry to add, that while engaged in this service, he received a wound, which, I am apprehensive, will deprive me of the benefit of his counsel and assistance for some time. Nearly about the same time Lieutenant-General Leith received a wound, which unfortunately obliged him to quit the field. I ordered up the 6th division under Major-General Clinton, to relieve the 4th, and the battle was soon restored to its former success.

The enemy's right, however, reinforced by the troops which had fled from his left, and by those which had now retired from the Arapiles, still continued to resist; and I ordered the 1st and light divisions, and Colonel Stubb's Portuguese brigade of the 4th division, which was re-formed, and Major-General William Anson's brigade, likewise of the 4th division, to turn the right, while the 6th division, supported by the 3d and 5th, attacked the front. It was dark before this point was carried by the 6th division, and the enemy fled through the woods towards the Tormes. I pursued them with the 1st and light divisions, and Major-General William Anson's brigade of the 4th division, and some squadrons of cavalry under Lieut.-Gen. Sir Stapleton Cotton, as long as we could find any of them together, directing our march upon Huerta and the fords of the Tormes, by which the enemy had passed on their advance; but the darkness of the night was highly advantageous to the enemy, many of whom escaped under its cover, who must otherwise have been in our hands.

I am sorry to report that owing to this same cause, Lieutenant-General Sir Stapleton Cotton, was unfortunately wounded by one of our own sentries after he had halted.

We renewed the pursuit at break of day in the morning with the same troops and Major-General Bock's and Major-General Anson's brigades of cavalry, which joined during the night, and having crossed the Tormes, we came up with the enemy's rear-guard of cavalry and infantry, near La Serna; they were immediately attacked by the two brigades of dragoons; and the cavalry fled, leaving the infantry to their fate. I have never witnessed a more gallant charge than was made on the enemy's infan-

大后方：拿破仑统治下的法国

拿破仑的立法、教育和行政改革在法国留下了持久的印迹，而法兰西帝国时期建造的标志性建筑几乎同样引人注目。

一位同时代的人士称，拿破仑加冕后，“旧习俗的复兴为商人提供了招募就职者的机会。此前，无论是督政府还是执政府，均不允许商人雇佣帮工，例如马具修理工、马车制造者、花边缝制者、刺绣工等。法兰西帝国的爱国者更多地催生于实际的利益，而不是空洞的认识和想法。”这一时期形成了独特的装饰和建筑风格，包括古典的外形和饰品、大量的仿金镀料、乌木和硬石，并且镶嵌着法兰西帝国的雄鹰和波拿巴家族的蜜蜂标志。民众们下意识地认识到，他们正处于伟大的历史时期。1808 年，当戴维绘制的拿破仑加冕的巨幅画作展出时，布瓦利描绘了前来参观的人群：艺术本身就是模仿。

拿破仑为他的朝廷建立了“帝国显贵

第 178 页图：1810 年，在圣殿大道土耳其花园举行的舞会。尽管面临持续的战争压力，但拿破仑统治下的法国仍然有着相当浓厚的高贵典雅的气氛。

上图：那些自己没有四轮马车、并且能够付得起适度费用的人们，将公共马车作为常用的交通工具。图中显示的是一辆公共马车停靠在巴黎的街道上，让所有乘客下车。

左图：1802 年，拿破仑兴建了 30 所国立高等学校，完成了中学阶段教育的学生将在此接受 6 年的教育。其中许多人之后将在军事或民事岗位上继续为国效力。

地位”，并且建立了贵族制度，从军人、行政人员、科学家、艺术家和专业人员中间选拔一些人册封为公爵、伯爵和男爵。这种程序可能有些花哨庸俗（一些旧贵族与之没有任何关系，而其他人则对新朝廷出奇地向往），但它将国家精英与政权更为紧密地联接在一起，使得出身卑微者获得了擢升的希望。1809年，拿破仑打算奖赏第13轻步兵团，于是让该团上校提名作战最勇敢者。上校在与军官们商议后，选择提名鼓乐队队长。拿破仑宣布：“我授予你荣誉军团骑士勋位，册封你为法兰西帝国男爵，并奖励你4000法郎的津贴。”

拿破仑在发展法国经济方面取得了一些成功。他在旧政权建立的经济基础上开展经济建设，并利用1802年《亚眠和约》带来的短暂和平，引进英国专家和技术。他的一些市政工程仍然令人印象深刻，例如他建造的大型隧道，引入位于康布雷南端低矮山脊的圣康坦运河水源。不过，法

约瑟夫·富歇
（1763—1820年）

富歇于1792年当选为国民议会议员，投票赞成判处国王死刑。接着，他以令人震惊的严酷手段镇压了里昂的“反革命叛乱”。他自1799年起开始担任警务部长，期间有过数次中断，直至1815年。他在维护拿破仑统治的稳定方面发挥了重要作用，被封为奥特朗特公爵，并一直与波旁王朝成员相勾结。富歇负责对书籍、喜剧和报刊实施严格的政治审查。他还建立了无所不在的间谍和密探网，令社会各阶层为之胆寒。他纯粹就是个无耻之徒。到了1816年，富歇因“弑君罪”被流放，他的好运也因此而走到了尽头。

左图：1807年应征入伍的新兵穿过巴黎的圣丹尼门。旷日持久的战争压力将给这副场景增添越来越浓厚的忧伤气氛。

国工业水平总体上仍然滞后于英国。曾有人评价称，法国 1815 年工业化水平仅相当于英国在 1780 年的水平。拿破仑对英国实施的大陆经济封锁政策并没有发挥作用：法国被排除在海外市场之外，无法进口原材料。1808 年，美国驻波尔多领事看到街道上杂草丛生，曾一度喧嚣忙碌的码头已几乎废弃。拿破仑努力弥补原材料短缺问题，取得了部分成功：他们用种植的菊苣替代咖啡，用甜菜替代甘蔗。

在 1811—1812 年期间，法国发生了大规模工业衰退，导致大范围的失业。随后又发生了不寻常的农业歉收，导致谷物和面包价格上涨。1812 年 3 月，卡昂发生了大规模骚乱，结果遭到了血腥镇压。在鲁昂，根据特别许可证从英国进口的三船大米，以及从比利时进口的物资（历史学家称之为“征服的支柱经济”），帮助阻止当地发生动乱。法兰西帝国关于征调粮食和确定粮食价格的法令，引发了广泛的不满情绪。在许多地区，当地政府和民众似乎与中央政权付出了同样的努力，以缓解饥荒问题。

持续的征兵压力，是法国处于战争状态的最明显标志。这种压力在变化。1801 年只需招募 3 万人，第二年则没有征兵需求。但到了 1803 年，即共和历九年和十年，法军征召了 6.3 万人；1805 年，征召了 8 万人，还动员了 10 万名预备役人员。拿破仑在 1813 年 11 月抵达巴黎时被告称，从法国及选定的盟国国民中征兵，应该能够确保招募到 50 万人。

征兵由抽签决定招募人选。即使某人抽中了不如意的签位，也可以花钱雇人顶替他服兵役。在实行征兵制的地区，如果在地方层面操作，还可以因家庭或者健康原因而免除兵役。其中就有不少欺诈行为发生，而更普遍的则是不按时应征（例如不参加抽签，不去报到参加训练）和彻底放弃。不过，当时征兵制的执行情况总体尚可，除了在法兰西帝国已经明显濒临崩溃边缘的时候。在其中的一些地区，征兵制的执行情况要比其他地区更好：巴黎和法国东北部地区执行得最为顺利，农民常常比市民更多地企图躲避征兵。有一位官员对他的领导称，民意“与征兵制完全是背道而驰，即使是反抗程度最轻者也将征兵视为无法避免的灾祸……”难以驾驭的新兵躲在树林里，引发公众的揣测，挑战帝国的权威。

右图：旺多姆广场正在建造图拉真圆柱。圆柱的帝国象征导致其在 1814 年被破坏，后在 19 世纪 30 年代被修复；但在 1871 年再度被毁坏，最终于 1875 年得到恢复。

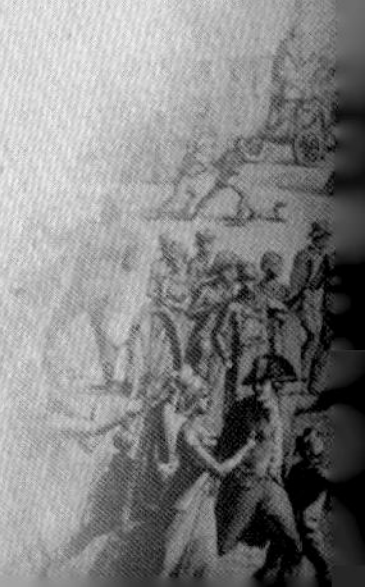

多国战役

无论法兰西帝国在公告中怎样掩饰，拿破仑在俄国战场的灾难性溃败有目共睹，反法联盟的力量也得到了增强。

1812年4月，俄皇与贝尔纳多特达成互助协定机制，后者此时已是瑞典摄政王。1813年3月，英国在《斯德哥尔摩条约》中对这一安排表示认可。而普鲁士军队已经终止了与法军的合作，并于当年4月加入这一机制。1812年5月，《布加勒斯特条约》结束了俄土敌对关系，使俄国能够集中力量对付它的主要敌人。当时，奥地利仍然是法国的盟国，但其外交大臣、狡猾的梅特涅能够察觉到这种政治趋势，在1813年夏秋季节进行了一系列的外交努力，最终通过签署了《第比利斯条约》，加入反法联盟。整个安排机制得到了英国大量的资金支持。曾经被拿破仑蔑称为“小店主国家”的英国，已成为将导致拿破仑倒台的反法联盟的“军需官”。

人们事后讲述了这场惨败。当时，普鲁士和瑞典狙击手开始向法军纵队开火。那些受命引爆地雷的工兵被误导，以为敌人就要上来了……其他人则将这起悲惨事件归咎于工兵部队的蒙福尔上校，称是他在看到敌军队伍时下令引爆地雷。

——男爵马塞林·马博特将军

1813年伊始，法国面临的情况就很糟糕。奉命对付俄军并在普鲁士正式倒戈后对普军实施戒备的欧仁·德·博阿尔内，呈节节败退之势，并放弃了奥得河畔的法兰克福和德累斯顿。4月中旬，拿破仑进至美因茨，打算发动大规模反击。但由于在俄国战场损失了大量马匹，法军骑兵力量薄弱，这令他非常担忧。5月2日上

左图：莱比锡战役中的反法联盟指挥官。施瓦岑贝格迈步走向小山丘，向普鲁士腓特烈·威廉三世、奥地利弗朗茨二世和俄国亚历山大一世（从左至右）报告。

上图：奥地利步兵（图左）和龙骑兵（图中央）并肩作战，向法军步兵纵队的前列发动攻击。

午，马尔蒙和内伊在包岑几乎被打垮。但到了下午，拿破仑机敏地发动反攻，令反法联盟军队惊慌失措，从而使法军挽回了局势。5 月 20—21 日，在包岑再度发生激烈战斗。内伊以未加思考的决断，向普赖蒂茨村反复发起攻击，而不是实施包围。由于缺乏骑兵力量，拿破仑丧失了可能赢得的一场大捷。不过，这场战斗使反法联盟的信心发生了动摇，俄军和普军撤回至西里西亚，为下一步行动进行计划。奥地利则进行调停，劝说双方接受停火，并于 6 月 4 日在普拉斯维茨正式达成一致。

停战持续至8月。在此期间，对手们相互之间进行谈判，反法联盟努力将奥地利拉入他们的阵营，并且最终取得了成功。当战役重新打响时，拿破仑已经利用间歇期将部队员额扩充至近40万人。他曾几度实施短促突击，打击孤立的联盟军队小股部队。最后他决定将兵力集中在德累斯顿，当时圣西尔正在此迎战联盟军队的攻击。8月26日，攻击者取得了可观的进展。但等到夜幕降临时，他们的大部分战果已在法军的反击中化为乌有。第二天，法军的攻击行动势头强劲，联盟军队损失了3.8万人，而法军仅损失约1万人。遭此重创的联盟军队指挥官于当晚后撤。不过，由于法军对兵力众多的联盟军队不明智地实施追击，结果吃了3场败仗，并导致德累斯顿战役双方的损耗比发生了逆转。

在此后的几个星期里，拿破仑四处转战。他意识到，他的对手们迫切希望与他的下属部队进行交战，但并不想与他本人决战。作战造成的伤亡、疾病和政治动荡，正在使他的部队受到削弱。巴伐利亚已经脱离了他的控制，德意志似乎即将发生暴

让·巴蒂斯特·儒勒·贝尔纳多特
（1763—1844年）

贝尔纳多特于1780年参加法军步兵部队，在大革命时期担任军士长。他娶了拿破仑的妻妹德茜蕾·克拉里，晋升很快，于1804年被任命为元帅。他并不是一名称职的战地指挥官，在奥尔施泰特战役中表现消极，并在瓦格拉姆战役中遭到重创。不过，他对于瑞典战俘以礼相待，于1810年被封为瑞典王储，实际上成为瑞典的摄政王。拿破仑很快就发现，贝尔纳多特并非他的傀儡国王。1813—1814年，贝尔纳多特向他昔日的同僚们开战。他后来评述道：“我曾经是法国元帅，但现在只是瑞典国王。”

动。拿破仑决定集中部队，尽管他在德累斯顿留下了相当数量的兵力。他先是希望能够向联盟军队的两个大规模兵团分别发动进攻，但等到10月中旬的时候，他意识到这将是无法实现的：他至多可以进至莱比锡实施作战。战役中，拿破仑处于战略防御态势，但他还是一如既往地计划运用灵活战术，向拼凑起来的敌军部队迅速发动进攻，使敌军来不及做出反应。在4天的激战中，法军与将近50万敌军部队展开交战（一战前世界上最大规模的军事作战），敌军的强大兵力以及反法联盟不断增强的决心使拿破仑难堪重负。由于埃尔斯特河炸桥行动的失误，拿破仑将部分军队滞留在河对岸，导致法军最终有3万人被俘，3.8万人伤亡。联盟军队损失了5万多人，不过他们可以从这场“多国战役”的屠戮中恢复元气，而拿破仑无法做到。

上图：这幅畅销画作显示的是波尼亚托夫斯基溺亡时的场景。当时，埃尔斯特河的桥梁过早地被破坏，他企图游过河。乌迪诺成功地过了河，但波尼亚托夫斯基却因伤受困。

上图：莱比锡战役中的拿破仑。在他的参谋人员中，身着红色裤子的是他的警卫马穆鲁克·鲁斯坦。

波尼亚托夫斯基亲王
约瑟夫·安东尼
(1763—1813 年)

波尼亚托夫斯基是一位奥地利将军的儿子，也是波兰国王的侄儿。他在奥地利军队中服役，曾在与土耳其人的战斗中负伤，但他将自己视为波兰人。1789年，波兰议会任命他为陆军司令，随后他与俄国人进行作战，但是徒劳无功。1807年，波兰大公国成立，拿破仑任命他为大公国军队总司令。他在1809年与奥地利的作战中表现出色，但他的部队在1812年受到了严重损耗。波尼亚托夫斯基刚刚被任命为元帅后不久，就在莱比锡战役中泅渡埃尔斯特河时溺水身亡。

LIBERTÉ, FRATERNITÉ, EGALITÉ OU LA MORT.

拿破仑最大的对手

拿破仑初步取得的辉煌成功，使那些效仿他建立组织机构的对手们受到了刺激。不过，几乎没有人能够与他匹敌。

当拿破仑身处权力之巅的时候，无论是1796年在意大利，还是在1805—1806年期间，几乎没有指挥官能够与他相抗衡。不过，他还是不时地遭遇挫败。有时候是因为拿破仑轻敌，自信促使他采取不适当的冒险行动，例如1809年的阿斯珀恩—埃斯林战役。1812年，他在俄国犯下了重大的战略错误，不仅低估了俄军士兵顽强的战斗素质（集中体现在库图佐夫身上），而且对沙皇的性格特点以及俄国幅员辽阔对法军的影响产生了误判。在1815年百日战争中，拿破仑在初战告捷之后未能确保分隔开布吕歇尔的普军与威灵顿的军队，也未能认识到难以突破威灵顿在圣让山的山脊上的阵地——当时他向参谋人员怒吼，这不过是“小菜一碟”。

> 我意已决。他们可能在兵力上压倒我，但我相信他们的智谋不及我。首先，我不惧怕他们……其次，如果我对他们决策体系的掌握情况是准确的，那么这种体系对于应对稳定的部队而言是不适宜的。我怀疑所有的大陆军在战役开始之前就已经有一多半遭到重创——而我至少不会未战先怯。
>
> ——勋爵阿瑟·韦尔斯利中将，后来的威灵顿公爵

即使拿破仑充满活力的精神，也被强加在自己身上的压力逐渐损耗。1805年之后，他对贴身男仆康斯坦说：“人们能够打仗的时间是有限的。我还能再打6年仗，但之后也必须停下来。”到了1815年，拿破仑病倒了，他生了痔疮，膀胱有问题，脑下垂体也有毛病，这也在一定程度上导致他在滑铁卢战役当天令人奇怪地沉默寡言。他对部属的评判也并非始终准确。对于贝尔纳多特1806在奥尔施泰特战役中未能向达武提供支援，他先是予以宽恕，但随后在瓦格拉姆公开撤销其

军长职务。他私下里对内伊的评价是："除了勇敢之外没有别的优点……只能让他带一万人打仗，仅此而已……实在是个木头人。"然而，在1815年，拿破仑还是让他指挥夸特布拉斯的左翼部队，并赋予他两天之后在滑铁卢发动大规模进攻的任务。

不过，拿破仑的挫败并不能仅仅归咎于他的失误：事实上，他的对手越来越强。对手的改进之处，不仅在于加剧了拿破仑统治下的欧洲的民族主义情绪，还在于效仿法国在军事方面的成功之处。在法国大革命之后的十多年里，与法军作战的部队还是腓特烈大帝时代的产物，崇尚纪律与号令，官兵之间常常有一道不可逾越的鸿沟。1796年，被配属到奥地利驻意大利部队的一名英国军官亲眼看到："一些法军狙击手隐蔽在河边的灌木丛里……向凯尔的精锐作战团（由3个营组成）持续实施火力袭扰……凯尔团愚蠢地停在一道堤坝上，这道堤坝形成了通向河流左岸的大道。该团不时发射枪炮，驱赶隐藏的敌人。如果后退6—8码，俯身隐蔽在堤坝的另一侧，敌人的子弹将不会有任何威胁。该团的盲目逞能所造成的后果是损失了将近150名官兵。"

军事主动权和民族情绪同样受到了打击。在1806年耶拿战役之后，普鲁士政府宣布："国王打了败仗。每一位公民都有义务保持冷静。"

1813年发生了史无前例的巨变。腓特烈·威廉国王发表演说《致我的国民》，产生了强烈的反响。在德意志全境，志愿者纷纷加入普鲁士军队，紧接着爆发了众所周知的"解放战争"。当年2月，普鲁士接受了普遍征兵制，将正规部队不需要的人员组织成志愿步兵部队和后备军，并从社会各个阶层选拔任用军官。其他一些德意志联邦国家的民众并未完全接受法国的占领。英王德意志军团主要从汉诺威（当时由英国国王乔治三世统治）民众中招募人员，成为威灵顿在半岛战役和滑铁卢战役中最为精锐的部队之一，还有连续两任布伦瑞克公爵在与法军的战斗中阵亡。奥地利的情况则有所不同，各民族之间的紧张关系从未得到缓解，但他们仍然努力以国家使命感和自我价值观念取代旧式的训诫。作为查尔斯大公爵的一项改革措施，1807年发布的《步兵条例》宣称："热爱君主，崇尚诚实人生、服从、忠诚、决断，这些都是军人的美德。总而言之，军人必须是绅士。"普鲁士和奥地利还建立了奖励制度，前者设立了铁十字勋章，后者设立了陆军十字勋章，各级官兵均有机会获得。

拿破仑的对手们对他的军事组织体制予以关注。作战军的体系得到了广泛效仿：即使是天生的中心主义者威灵顿公爵，在准备进行百日战争时同样将他的英国和荷兰—比利时军队编为3个军。狙击战得到

了更为广泛的应用。奥地利人尽最大努力发展狙击战术，但还是过于刻板，导致在战争中崛起的最优秀的将领拉德茨基抱怨道："狙击战的实施范围非常有限，因为我们根本就不懂这种作战样式。"值得注意的是，英国人最初根本信不过轻型步兵，后来却发展了绿衣步兵和红衣轻装步兵，在与法军作战时使用狙击战术"以其人之道还治其人之身"。在拿破仑处于鼎盛时期，他几乎没有对手，这一点毫无疑问。不过，优势的天平正逐渐向着不利于他的方向倾斜。

格布哈德·冯·布吕歇尔
(1742—1819 年)

布吕歇尔曾是瑞典军队的一名军官，在1760年被普军俘获后改向普军效忠。在短暂离开军队之后，他于1802年被授予中将军衔。在耶拿战役中，他胯下的坐骑中弹。后来，他因持反法立场而被迫退役。1813年，布吕歇尔再度被召回，受命指挥西里西亚军团。1814年，他被封为瓦尔施塔特公爵。1815年，布吕歇尔统率普军驻扎在里格尼，后转至滑铁卢，为威灵顿助战：如果没有布吕歇尔，反法联盟将无法赢得此战的胜利。

奥地利大公爵查尔斯
(1771—1847 年)

查尔斯是利奥波德二世的三儿子。1792—1793年，他在低地国家的反法斗争中取得了部分成功。1796年，他在莱茵河地区率部重创马塞纳和儒尔当，但他的计划因莫兰1800年在霍恩林登战役中获得胜利而破产。作为战争委员会主席，查尔斯进行了大刀阔斧的改革，改革进程一直持续到奥斯特里茨战役之后。1809年，查尔斯在埃斯林重创拿破仑，但两个月后在瓦格拉姆战役中落败。此后，他再未在军队中担任要职。后来还是在他的儿子、著名将领阿尔布雷希特努力之下，他才得到了历史的认可。

阿瑟·韦尔斯利
(1769—1852年)

韦尔斯利是一位爱尔兰贵族的第三个存活的儿子，于1787年进入步兵部队服役。1793—1794年，他曾在低地国家作战，后来前往印度。1803年，他晋升为少将，并在阿萨耶战役中打败了马拉塔人。在担任了一系列军事和民事职位之后，韦尔斯利于1808年被派到法国占领的葡萄牙。他在维米耶罗战役中赢得了胜利，但后来几乎难以摆脱《辛特拉条约》条款的耻辱——英国政府认为该条约对待战败的法国人过于宽恕。1809年，韦尔斯利被派回半岛，并从塔拉韦拉战役开始赢得了一系列胜利，从而获得了公爵的爵位。1815年，他率军驻扎在布鲁塞尔周围，并与布吕歇尔密切配合，赢得了滑铁卢战役的胜利。韦尔斯利后来步入政坛，于1828—1830年担任首相。

米哈伊尔·伊拉里奥诺维奇·戈列尼谢夫－库图佐夫
(1745—1813年)

库图佐夫是一位军事工程师的儿子，于1764—1769年在波兰参加作战，在1770—1774年与土耳其人的战斗中失去了一只眼睛。1784年，他被授予少将军衔，率领首支俄国军队被派到奥地利，在德累斯顿战役中赢得胜利。他反对进攻奥斯特里茨，并在此次战役中负伤。后来，库图佐夫在多瑙河地区完成了对土耳其人的作战之后，随即于1812年8月受命指挥部队在博罗季诺作战，将拿破仑赶出俄国，并因此被封为斯摩棱斯克公爵。库图佐夫常常被描绘成狡猾的老农民。他温文尔雅，足智多谋，但非常嗜酒好色。

布伦瑞克公爵卡尔·威廉·斐迪南
(1735—1806年)

七年战争期间，布伦瑞克在普军中效力，并且赢得了声望。在第一次反法联盟战争中，他指挥奥地利和普鲁士军队，但于1792年在瓦尔密拒绝与法军强行作战。1806年，他在奥尔施泰特战役中受了致命伤。他的儿子弗雷德里克·威廉(1771—1815)于当年逃到英国，率领他的“布伦瑞克黑色军团”驻在半岛，并参加了百日战争。弗雷德里克·威廉本人战死于夸特布拉斯。

香巴尼战役

1814年上半年，反法联盟在莱比锡大捷的鼓舞下迫近法国的天然疆界。

1814年1月下旬，布吕歇尔率领普军跨过默兹河，施瓦岑贝格率领奥军在朗格勒高原推进。这两支部队可能将在会师后向巴黎挺进。这一危险形势迫使拿破仑亲自上阵。他于1月26日抵达沙隆，希望借助该地区良好的公路体系，向敌军实施反击。

拿破仑首先企图在布里埃纳挡住布吕歇尔。拿破仑在年轻时曾在此地的军校接受教育。由于一道关键的命令被哥萨克人截获，使得战局比他所希望的更为焦灼。法军步兵大多为年轻的新兵，但战场表现异常出色，强行突入高原：布吕歇尔企图收复失地未果，随后率部后撤。拿破仑率领约4万人马对撤退的普军实施追击，并对其他部队进行重新部署，以保护侧翼安全。与此同时，施瓦岑贝格与布吕歇尔在拉罗蒂埃西南的特拉内会合，以5万多人马向前迎击拿破仑，紧随其后的还有更多的部队。2月1日，拉罗蒂埃战役在暴风雪中拉开序幕。双方形成拉锯战。不过，巴克莱率领俄军最后赶到，拿破仑被迫借助黑暗摆脱与敌方的接触。他在此次战役中损失了6000人和50门大炮，在抵达特鲁瓦时，还有4000名士兵开了小差。

在此后的几天里，施瓦岑贝格以特有

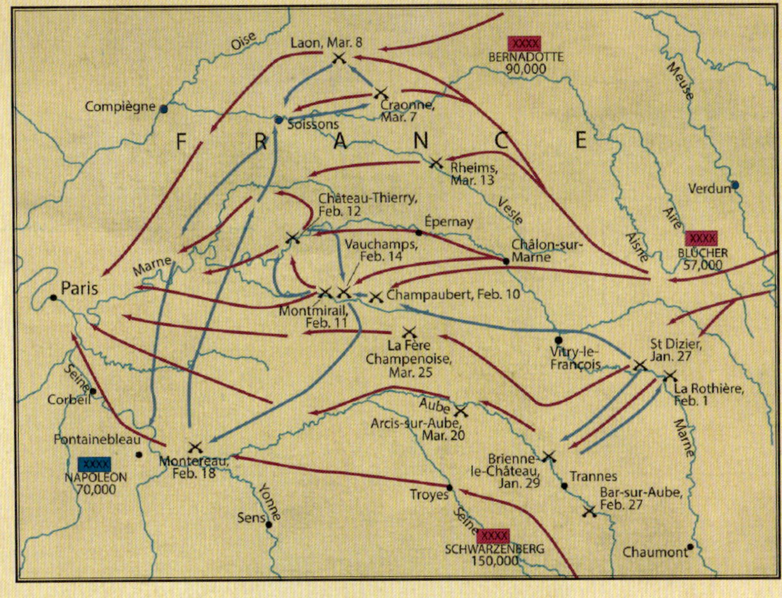

法国防御战（1814年1—3月）

拿破仑行军路线　● 被盟军封锁的法军要塞　盟军进军路线

左图：在1814年年初的法国战斗中，哥萨克人冲入法军炮兵阵地的背后。

上图：在1814年联盟军队进入巴黎后，一位法国艺术家创作的俄国帝国近卫军掷弹兵素描画。

下图：1814年2月14日，西奥多·荣格的沃尚普俯瞰图。图中显示，在横跨蒙米拉伊—弗洛蒙蒂埃公路两侧正在进行战斗。在左侧可以看见格鲁希的骑兵部队正在实施包抄，向普军右翼部队发动决定性进攻。

的谨慎继续前进，而布吕歇尔则信心十足地向巴黎猛扑，使得普军与奥军之间的结合部成为薄弱环节。拿破仑表现出固有的智慧，他决定向北出击，迎击普军。与此同时，他留下莫蒂埃，使施瓦岑贝格谨慎地后退至奥布河畔巴尔。拿破仑还集结了乌迪诺所部新组建的一个军。这样一来，他以7万之众楔入反法联盟的主力部队之间。拿破仑的骑兵报告称，布吕歇尔正沿尚波贝尔和蒙米拉伊向巴黎挺进。拿破仑先是派遣维克多和乌迪诺率部监视施瓦岑贝格，然后以智取胜，于2月10日在尚波贝尔消灭俄军1个军，在蒙米拉伊重创俄军1个军，并打垮普军1个军。此时，施瓦岑贝格再度开始前进。拿破仑在向南迎击施瓦岑贝格之前，寻机在沃尚普痛击布吕歇尔。随后，他率部扑向施瓦岑贝格，于2月17日打垮了其外围部队，2月18日经蒙特罗将符腾堡军击退。

上图：从历史到传奇——在查尔斯·杜萨尔索瓦的画作中，拿破仑在枫丹白露向战后的波拿巴主义者签署退位书。

一系列战役的失败，促使反法联盟领导人对他们的战略进行重新考虑，但他们承诺继续战斗，而不是单独媾和。他们曾提出让拿破仑在1791年边界的基础上接受和平，但遭到拿破仑的断然拒绝。随后，拿破仑挥师北上，跨过埃纳河，在克拉奥讷的一场非决定性战役中向布吕歇尔发动进攻。3月9日至10日，拿破仑由于在拉昂战斗中“胃口过大”，结果损失了6000人，令他难以支撑。之后，他收复兰斯，俘获了守军，在一定程度上扭转了战局。随后，拿破仑调转方向，再度迎战施瓦岑贝格，结果在奥布河畔阿尔西遇上了敌军的全部力量。拿破仑成功越过奥布河，摆脱了敌军。他始终采取主动，决定向圣米耶尔进发，希望能够破坏反法联盟的通信联系。

然而，一切都完了。法军的信使常常被俘获，使联盟军队敢于孤注一掷地集中

施瓦岑贝格亲王卡尔·菲利普
（1771—1820 年）

施瓦岑贝格于1787年加入奥地利陆军，并在霍恩林登战役中挽救了溃败的奥军右翼部队。在乌尔姆战役中，他率领一个师摆脱了围困，后来还参加了韦格拉姆战役。施瓦岑贝格主持了玛丽·路易丝与拿破仑联姻的谈判。1812年，拿破仑让他统率奥军部队。在晋升为元帅后，他指挥反法联盟军队战败于德累斯顿，但在莱比锡战役中赢得了胜利。他抱怨称，自己受困于“愚蠢的情况介绍以及偏执的计划制定者、密谋者、傻瓜、泄密者……”1814年，他在奥布河畔阿尔西和费尔尚普努瓦斯重创拿破仑。

所有力量向巴黎推进，法军的士气明显发生动摇。3 月 26 日，拿破仑被误导向俄军指挥官维岑格罗德发动进攻。等到他得知联盟军队在费尔尚普努瓦斯打败了莫蒂埃和马尔蒙的时候，他再想回师保卫巴黎已经来不及了。他将能够调集的所有部队集中在枫丹白露。然而，将军们让内伊作为代表在此告诉他，部队拒绝继续向巴黎前进。马尔蒙投靠联盟军队的消息，促使拿破仑决定退位，传给他的儿子。但反法联盟要求拿破仑无条件退位。4 月 6 日，拿破仑正式签约。4 月 12 日，他决定自杀，吞食了鸦片、莨菪和白藜芦的混合物。他自从 1812 年在与俄军的作战中死里逃生之后，就一直将这些东西装在挂在脖子上的香囊里。然而，多年之后，这些毒物的毒性已经消失，拿破仑很快就得以恢复。4 月 16 日，有关各方就《枫丹白露条约》的最终文本达成一致。拿破仑得以保留皇帝称号，被赋予厄尔巴岛的主权，并被支付 200 万法郎的年金，还安排 600 名卫兵。5 月 29 日，他被一艘英国军舰从法国带走，并平安送抵该岛。就在当天，约瑟芬在马尔梅松死于肺炎。

爱德华·阿道夫·卡西米尔·莫蒂埃
（1768—1835年）

莫蒂埃是来自法国北部勒卡托的一位资本家，于1791年被选拔担任国民卫队上尉，后于1799年成为准将。1803年，莫蒂埃征服汉诺威，并因此于次年被任命为元帅。1808年，他被封为特雷维索公爵。莫蒂埃是一位顽强的军长，如果不是因为生病，他将在1815年受命指挥老近卫军。他曾在十余次大规模战役中九死一生，却最终死于巴黎街头。当时，原本为国王路易斯·菲利普准备的一颗“定时炸弹”却击中了莫蒂埃。

上图：1814 年 4 月 20 日，拿破仑向枫丹白露的老近卫军告别。在发表了简短的讲话后，拿破仑最后说道："我不能和你们所有人拥抱，但我将和你们的将军拥抱。"随后，他亲吻了第 1 步兵掷弹兵团团旗。此时，旗手福丁中尉不禁掩面。

维也纳会议

在维也纳，列强们在会议上争论不休，对战败拿破仑的战利品进行瓜分。然而，拿破仑的复辟使得这些战果几乎成为“过眼云烟”。

路易十八是被处决的路易十六的弟弟，在1795年路易十六和玛丽·安托瓦内特的儿子皇太子不幸去世之后成为名义上的国王。从某种意义上说，拿破仑的退位对于路易十八而言没有任何变化。1814年4月12日，路易十八的弟弟阿图瓦伯爵作为国王任命的中将进入热情高涨的巴黎，在巴黎圣母院倾听了一场感恩赞美颂。居住在英国的路易十八姗姗来迟，于4月24日抵达布伦，5月3日抵达首都巴黎。此前，他已经向法国承诺实行代议制政府、个人自由、新闻自由和司法独立。或许更为切中要害的是，他对前政权实施的出售国家财产的行为表示承认，并认可帝国等级、爵位、津贴和债务。

对于波拿巴入侵法国事件，我基本上没有什么需要补充的了。俄皇似乎愿意接受旧体系的概念，即以会议的方式解决重要的关切问题……他希望我能够支持他……在这样的形势之下，鉴于我既没有名分也没有地位，我应该带一支火枪。

——威灵顿公爵

然而情况很快就变得明朗。波旁王朝“既未吸取教训，也未忘记宿怨”。他们没有建立强力政府，因为这将意味着需要设立首相。许多拿破仑的老兵被强制性地从部队退役，之前的流亡者则官复原职。旧王朝的卫队得以重建，波旁王朝国旗取代了三色旗。曾经在拿破仑手下担任要职的旧政权贵族菲利普·德赛古抱怨道：“他们迫使我们接受这面旗帜，此前他们正是举着这面旗帜与我们打仗。”马克西米安·弗耶伯爵悲叹道：“我们不久前还是欧洲的主宰，如今却落魄到怎样的奴役生活？……哦，拿破仑，你在哪里？”

正当越来越多的法国人开始觉醒的时候，奥地利、英国、法国、普鲁士和俄国

梅特涅亲王克莱门斯·文策尔·内波穆克·洛塔尔（1773—1859 年）

梅特涅是他所属时代中最具保守性影响的人物之一。他曾就读于斯特拉斯堡和美因茨，后来担任一系列外交职务，并于1809年成为奥地利外交大臣。他成功撮合了拿破仑与玛丽·路易丝的姻缘，在维也纳会议中发挥了突出作用，并以严格的保守主义思想主宰奥政坛。直至1848年，奥政府在“革命之年”中垮台，梅特涅逃到英国。1851年，他隐退至莱茵河地区约翰内斯堡的宅邸。

等列强于 1814 年 9 月在维也纳举行会议，重新建立他们的世界秩序。他们的目的并不是对法国过去的“劣迹”进行清算，而是建立一个不允许拿破仑重新崛起的欧洲。英国外交大臣卡斯尔雷宣称，他来此“并不是为了收集纪念品，而是要让世界重新回归和平的轨道”。然而，如果说在面临拿破仑威胁的时候维持联盟团结就很困难，那么此时威胁已经消失，推动联盟向前发展实在是困难至极。威灵顿曾经担任过英国驻法国大使，并在巴黎购买了拿破仑妹妹波莉娜·博尔盖泽在福布尔圣欧诺雷大街的豪宅，这座宅第当时仍然是英国大使馆所在地。1815 年年初，威灵顿被派到维也纳。他知道此次会议前景黯淡。卡斯尔雷曾经对他说：“我告诉你的是……讨论的结果而不是进展；我们没有取得任何进展。”不过，即便争论没有任何进展，

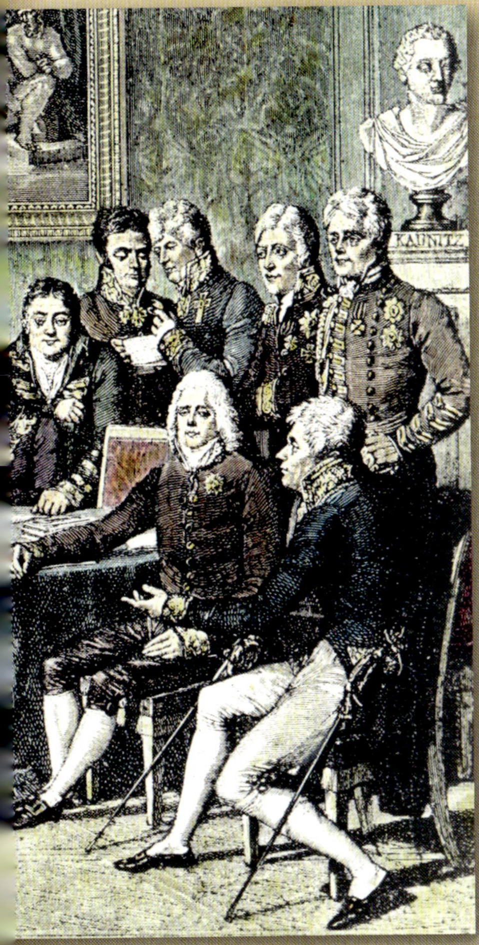

左图：让·巴蒂斯特·伊沙贝在画作中对维也纳会议的场景进行了美化。即便如此，人们还是难以对威灵顿（最左端）脸上屈从的表情视而不见。

但还是举办了一系列舞会、宴会和狩猎聚会，年迈的里格尼亲王嘲弄道："这次会议不是在工作，而是在娱乐。"

沙皇亚历山大一世对1812年发生的一系列"宗教浪漫主义事件"感到极大的震惊。他赞同建立"神圣同盟"，即将世界和平建立在由基督教原则统一的欧洲的基础之上。不过，有一点很重要，那就是这些原则必须有利于俄国：亚历山大希望

俄国沙皇亚历山大一世
（1777—1825年）

1801年，亚历山大接替遇刺的父亲保罗担任俄皇，并开始积极推行改革。他于1805年加入反拿破仑的联盟，但在1807年被迫在提尔西特媾和，暂时屈从于拿破仑的威力。1812年，拿破仑入侵俄国，亚历山大一世坚决进行战争。在拿破仑逃离厄尔巴岛期间召开的维也纳会议上，他力主恢复反法联盟的战斗力。他是神圣联盟的幕后策划者，并在后半生信奉保守主义和神秘主义思想。有人认为，他在1825年并没有去世，而是化名费道尔·库兹米奇隐居。

上图：一幅关于维也纳会议的法国讽刺漫画。画中显示奥地利、俄国和普鲁士的君主在中央欢快地跳着舞；萨克森国王则为他的王位而惴惴不安。

下图：另一幅关于维也纳会议的漫画描绘了胜利者瓜分战利品的场景。年幼的罗马王（最左端）在催促拿破仑：“爸爸，看好我该得的那份。”尽管直至此时拿破仑还没有任何机会。

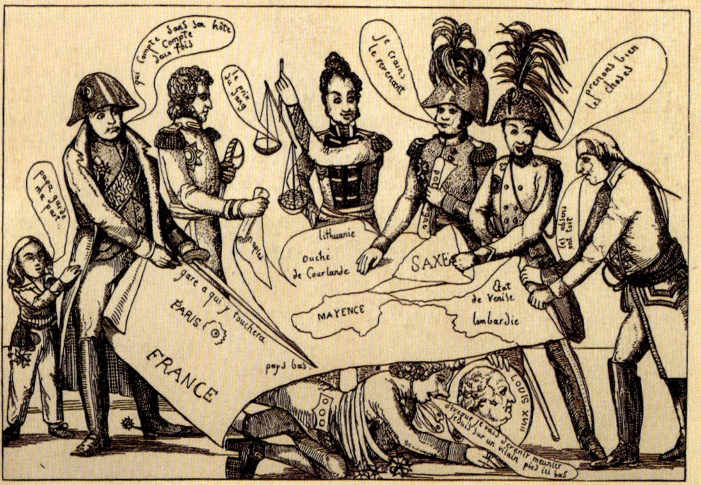

右图：英国漫画“狐狸与笨鹅（波尼摆脱了羁绊）”将维也纳会议的谈判者贬损为“笨鹅”，将拿破仑比喻为席卷法国的“狐狸”，还有一股难民潮正在前往多佛。

能够吞并整个波兰，并将萨格森划给普鲁士，以弥补普在波兰的损失。他还希望奥地利能够通过在意大利北部的所得，补偿在波兰的领土损失。

卡斯尔雷认为，会议上的这些争执可能会引发新的战争，至少也会导致进展缓慢。他认为英国和法国应该开展密切合作，并且尽量将奥地利拉进来，然而，主要的密谋者——曾经担任拿破仑外交部部长、现效力于波旁王朝的塔列朗，与卡斯尔雷之间的关系并不融洽。当时威灵顿还在巴黎，他设法找到路易丝，敦促塔列朗采取更为合作的态度。1815 年 1 月，英国、法国和奥地利签订秘密条约。前俄国沙皇被规劝接受吞并前华沙大公国的地盘，而不是整个波兰。法国全线崩溃的可能性在减小。

1815 年 2 月，威灵顿抵达维也纳。他询问了会议已经取得的进展，奥地利外交大臣梅特涅回答道：“毫无进展；绝对毫无进展。”威灵顿知道，与他打交道的梅特涅和塔列朗是两个非常狡猾的政客，他希望“单刀直入，而不是使用策略和计谋”。他还是得益于俄皇对他的大力支持，尽管俄皇抱怨称，屋内的空气太过炙热，“几乎要了我的命”，但此次会议似乎有可能达成有益的结果。随后，到了 3 月 7 日，传来了令人震惊的消息，拿破仑逃出厄尔巴岛。没有人能够确定拿破仑将会在哪里，但大多数人认为他最有可能去意大利：他们犯下了多么大的错误。

百日王朝：回马枪

拿破仑在厄尔巴岛的“流放王国”人口仅为1.37万人，他的皇宫曾经是一座磨坊，只有10余个房间。

拿破仑已经厌倦了，而且越来越孤僻。但他仍然与法国的支持者保持联系。1815年2月，他决定逃跑，带着他600人的卫队和4门大炮。他惯有的好运仍然延续下去，避开了3月1日在戛纳附近登陆的英国和法国军舰，由此开始了他复辟的“百日王朝”。

> 如果你们中间有人想杀死他的皇上，那么我就在这里。
>
> ——拿破仑

当地政府对此措手不及。拿破仑选择了一条山路进发，前往里昂。他在格勒诺布尔以南25公里（15英里）的拉弗雷第一次遇到真正考验，那里有一个团的部队挡住了他的去路。拿破仑解开

第206页图：拿破仑在厄尔巴岛的波尔托菲莱奥登船，开启了“百日王朝”的序幕。

左图：这位俄国艺术家描绘的拿破仑的姿态颇具戏剧性。不过，拿破仑的勇气和演技确实达到了规劝士兵们不向他开枪的目的。

上衣喊道：“如果你们中间有人想杀死他的皇上，那么我就在这里。”该团的数百人随即高呼：“皇帝万岁！”格勒诺布尔的大门被打开。3月10日，拿破仑兵不血刃便进入了里昂。他继续前进，并承诺将带来和平与繁荣。法国政府则派遣更多的军队前去阻拦。内伊承诺将把拿破仑“关在铁笼子里”带回巴黎，但当他的部下在欧塞尔遇见拿破仑的时候便向其倒戈，连他们的指挥官内伊本人也“随波逐流”。当地行政长官此前刚刚呼吁“每一个有良知的人”挡住篡位者，此时却号召民众“团结在这位英雄周围，他的荣耀再次唤起我们的回忆”。3月19日，路易斯离开巴黎前往比利时。第二天，拿破仑进入巴黎。

维也纳的列强宣称：“拿破仑·波拿巴已经被公民社会所摈弃。作为和平的死敌和破坏者，他本人已经成为公诉的对象。”3月25日，奥地利、英国、普鲁士和俄国达成一致，向拿破仑出击。威灵顿拒绝由盟军参谋部统率正在向低地国家集结的英国、德意志和荷兰—比利时部队。反法同盟开始调集至少80万部队。威灵顿在布鲁塞尔周围部署了10万兵力；布吕歇尔将率领11.7万普军从那慕尔向列日进发；施瓦岑贝格将率领21万奥地利军

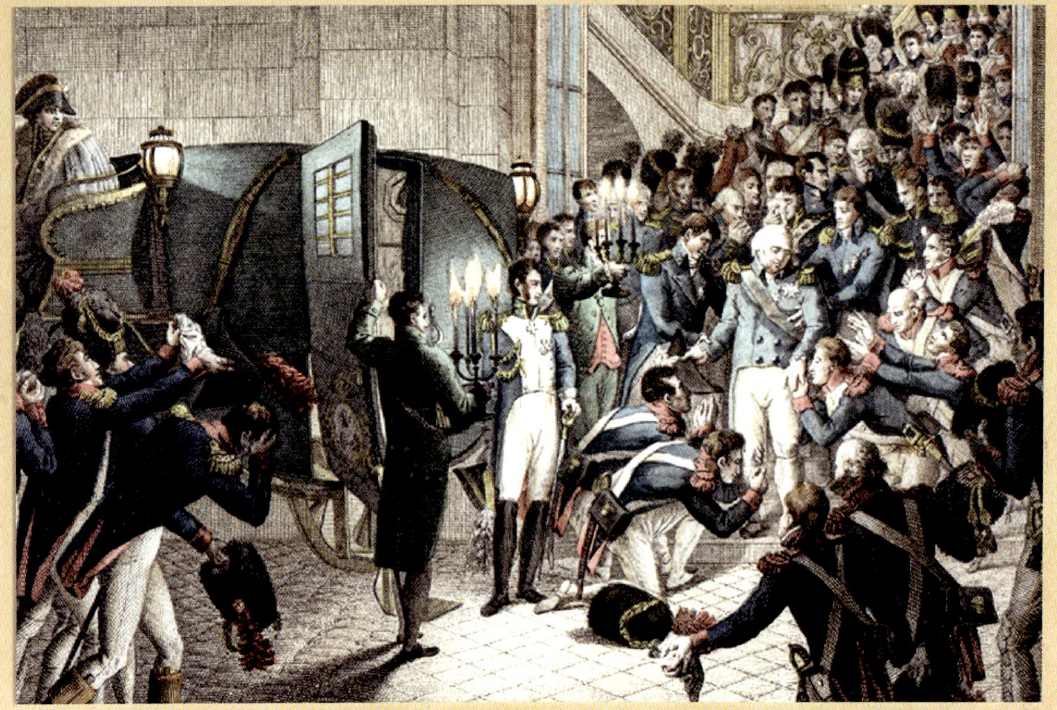

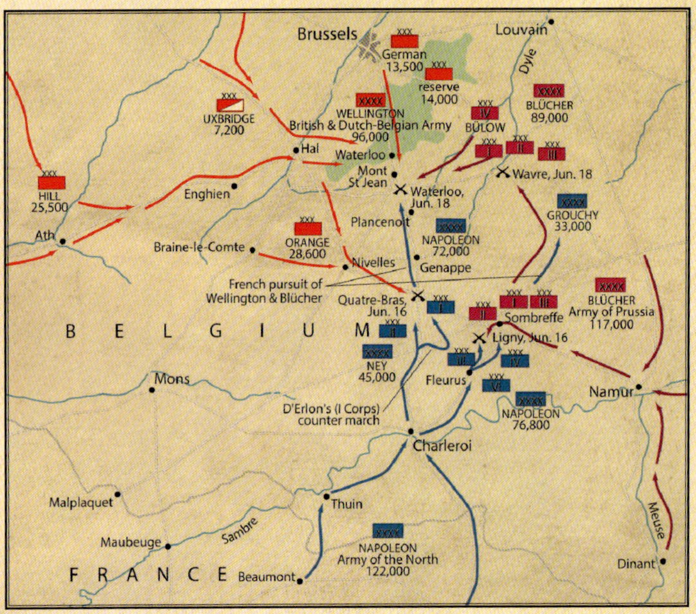

百日战役（1815年3—6月）

法军推进路线　英国—荷兰—比利时军队推进路线　普军推进路线

上图：1815年3月19日，路易十八离开杜伊勒里宫，前往比利时的庇护地，后来在滑铁卢战役结束后返回法国。

埃曼努尔·格鲁希
（1766—1847 年）

格鲁希在法国大革命之前就已经是一名军官，但他帮助镇压了保王党人在旺代发动的暴动。他指挥1个作战师和1个骑兵军，曾19次负伤。在从莫斯科撤退的过程中，他率领全部由军官组成的神圣营护卫着拿破仑。1815年，格鲁希被晋升为元帅，并受命指挥北方军团的右翼部队。但他未能在里格尼战斗之后对布吕歇尔实施追击，尽管拿破仑的命令不够明确。格鲁希的元帅军衔并未得到波旁王朝的确认，后来由路易斯·菲利普予以恢复。

队穿越黑森林向前推进；还有 7.5 万名奥军将和意大利军队一道从意大利境内进入里维埃拉。此外，还有 15 万俄军将长途跋涉进入莱茵河地区，作为预备力量。然而，上述强大的作战力量将直到 7 月份才能准备就绪，而俄军可能仍然会姗姗来迟。

就连拿破仑的支持者也确定，法国并不想进行战争。法国各省出现了动荡，特别是在保王党人控制的西南部地区。尽管动员令已于 4 月 12 日下达，但拿破仑仍然拖了 3 个星期没有征召兵员。即使有了动员令的支持，拿破仑仍然对招募 50 多万兵员感到焦头烂额。他得出结论认为，只有像 1814 年那样实施机动作战，防御战略才能奏效。选择方案之一是向距离最近的敌人——低地国家猛扑，希望能够通过初战告捷，使政治和军事天平向着有利于拿破仑的方向倾斜。

6 月 15 日，拿破仑将北方军团的 12.2 万人分为两翼和一个预备队，直接扑向威灵顿和布吕歇尔的结合处。此前，他所信赖的参谋长贝尔蒂埃神秘死亡。拿破仑将能力超群的达武留在巴黎担任陆军大臣，任命苏尔特为参谋长，而后者更适宜担任战地指挥官而不是参谋军官。尽管威灵顿和布吕歇尔曾经商量过在这种危急情况下应该采取怎样的行动，但拿破仑还是出其不意，于 6 月 16 日在右翼的里格尼将普军予以重创（双方兵力大致相等，约 8 万多人）。而在当天，在左翼的夸特布拉斯，内伊（战斗开始时兵力为 2 万多人，当天晚些时候有更多的人加入战斗）遭到了威灵顿（战斗开始时只有 8 千人，在战斗过程中得到了增援）的阻击。不过，对拿破仑来说，这场战役已经开了个好头。

上图：普鲁士出版的图片展现了里格尼战役的场景。战役中，布吕歇尔的部队遭受重创，但并未被打垮。老将布吕歇尔仍然坚持与威灵顿在滑铁卢会合，并督促他的部下向前进："弟兄们，千万别让我说话不算话。"

下图：在夸特布拉斯，呈方形阵型部署的第28步兵团正在遭受攻击。纯粹主义者注意到，第28团仍然保留着平顶筒状军帽。在这幅图片中，步兵方阵遭受敌方骑兵坚决攻击的场面给人们留下了深刻印象。

右图：拿破仑（已"根据神的恩典和国家宪法"自封为皇帝）从厄尔巴岛返回时发表的宣言。

PROCLAMATION.

Au Golfe-Juan, le 1.er Mars 1815.

NAPOLÉON,

Par la grace de Dieu et les Constitutions de l'État,
Empereur des Français, *etc. etc. etc.*

AU PEUPLE FRANÇAIS.

FRANÇAIS,

La défection du duc de Castiglione livra Lyon sans défense à nos ennemis; l'armée dont je lui avais confié le commandement était, par le nombre de ses bataillons, la bravoure et le patriotisme des troupes qui la composaient, à même de battre le corps d'armée Autrichien qui lui était opposé, et d'arriver sur les derrières du flanc gauche de l'armée ennemie qui menaçait Paris

Les victoires de Champ-Aubert, de Montmirail, de Château-Thierry, de Vauchamp, de Mormans, de Montereau, de Craone, de Reims, d'Arcy-sur-Aube et de saint-Dizier, l'insurrection des braves paysans de la Lorraine, de la Champagne, de l'Alsace, de la Franche-Comté et de la Bourgogne, et la position que j'avais prise sur les derrières de l'armée ennemie en la séparant de ses magasins, de ses parcs de réserve, de ses convois et de tous ses équipages, l'avaient placée dans une situation désespérée. Les Français ne furent jamais sur le point d'être plus puissans, et l'élite de l'armée ennemie était perdue sans ressource; elle eût trouvé son tombeau dans ces vastes contrées qu'elle avait si impitoyablement saccagées, lorsque la trahison du duc de Raguse livra la Capitale et désorganisa l'armée. La conduite inattendue de ces deux généraux qui trahirent à la fois leur patrie, leur prince et leur bienfaiteur, changea le destin de la guerre. La situation désastreuse de l'ennemi était telle, qu'à la fin de l'affaire qui eut lieu devant Paris, il était sans munitions, par la séparation de ses parcs de réserve.

Dans ces nouvelles et grandes circonstances, mon cœur fut déchiré: mais mon âme resta inébranlable. Je ne consultai que l'intérêt de la patrie: je m'exilai sur un rocher au milieu des mers: ma vie vous était et devait encore vous être utile, je ne permis pas que le grand nombre de citoyens qui voulaient m'accompagner partageassent mon sort; je crus leur présence utile à la france, et je n'emmenai avec moi qu'une poignée de braves, nécessaires à ma garde.

Elevé au Trône par votre choix, tout ce qui a été fait sans vous est illégitime. Depuis vingt-cinq ans la France a de nouveaux intérêts, de nouvelles institutions, une nouvelle gloire qui ne peuvent être garantis que par un Gouvernement national et par une dynastie née dans ces nouvelles circonstances. Un prince qui régnerait sur vous, qui serait assis sur mon trône par la force des mêmes armées qui ont ravagé notre territoire, chercherait en vain à s'étayer des principes du droit féodal, il ne pourrait assurer l'honneur et les droits que d'un petit nombre d'individus ennemis du peuple qui depuis vingt-cinq ans les a condamnés dans toutes nos assemblées nationales. Votre tranquilité intérieure et votre considération extérieure seraient perdues à jamais.

Français! dans mon exil, j'ai entendu vos plaintes et vos vœux; vous reclamez ce Gouvernement de votre choix qui seul est légitime. Vous accusiez mon long sommeil, vous me reprochiez de sacrifier à mon repos les grands intérêts de la patrie.

J'ai traversé les mers au milieu des périls de toute espèce; j'arrive parmi vous, reprendre mes droits qui sont les vôtres. Tout ce que des individus ont fait, écrit ou dit depuis la prise de Paris, je l'ignorerai toujours; cela n'influera en rien sur le souvenir que je conserve des services importans qu'ils ont rendus, car il est des événemens d'une telle nature qu'ils sont au-dessus de l'organisation humaine.

Français! Il n'est aucune nation, quelque petite qu'elle soit, qui n'ait eu le droit et ne se soit soustraite au déshonneur d'obéir à un Prince imposé par un ennemi momentanément victorieux. Lorsque Charles VII rentra à Paris et renversa le trône éphémère de Henri VI, il reconnut tenir son trône de la vaillance de ses braves et non d'un prince régent d'Angleterre.

C'est aussi à vous seuls, et aux braves de l'armée, que je fais et ferai toujours gloire de tout devoir.

Signé NAPOLEON.

Par l'Empereur:

Le grand maréchal faisant fonctions de Major-général de la Grande Armée,
signé, Comte BERTRAND.

A VALENCIENNES, chez H. J. PRIGNET, Imprimeur des Administrations, etc. 1815.

帝国近卫军

法兰西帝国近卫军构成了拿破仑依赖的核心力量。

1799年11月，督政府和国民议会的警卫部队重组为执政府近卫军。到了1800年1月，近卫军的员额确定为2089人，包括步兵、骑兵和炮兵部队。骑兵部队后来被命名为“骑兵掷弹兵”，由贝西埃尔指挥，此人与近卫军有着很深的渊源。近卫军可以享受一些特殊的待遇：军官和士兵享有额外的工资，津贴费得到提高，还有行政自主权。近卫军首战马伦戈，表现英勇。《近卫军之马伦戈进行曲》已成为法国军乐的经典曲目。

1801年，法军总司令的卫队被编入近卫军，成为“龙骑兵”，其绿色的军便服是拿破仑的至爱。1802年，近卫军再度扩编，增加了工程兵军官（1810年还编入工程兵士官）和军需部。步兵掷弹兵（大个子）和轻骑兵（灵巧者）的编制分别称为“军”，很显然拿破仑打算对近卫军进行扩编，使其成为小规模的“军团”。1803年，水兵近卫军问世，其中包括身着土耳其服饰的“马穆鲁克骑兵”。第二年，重装骑兵也出现在近卫军中。1804年1月，拿破仑建立了近卫军轻型步兵，鼓励中产阶级的青年男子参加。在那些掌握了相关专业技能的人们中间，包括后来成为法国元帅和“阿尔及利亚征服者”的比若。

1804年5月10日，近卫军被命名为“帝

左图：近卫军掷弹兵在接受检阅。

上图：泰奥多尔·席里柯经典画作中的近卫军龙骑兵军官。

左图：法兰西帝国近卫军龙骑兵的绿色土耳其式第袍（短外套）和红色裘皮上衣。

右上图：在滑铁卢，近卫军部队坚持到最后一刻，为拿破仑赢得了逃生的时间。

右下图：法兰西帝国近卫军的一名燧发枪兵，他是众多步兵团中的一名成员。随着近卫军的扩编，这些步兵团得以组建，为作为近卫军基干力量的龙骑兵部队提供补充。

国近卫军"：高级军官的薪水得到了上涨。帝国近卫军经过时，战斗部队应举枪致敬。到了1805年，帝国近卫军已有7千人之众，被编为1个包含所有兵种的作战师，由贝西埃尔指挥。在奥斯特里茨战役中，帝国近卫军骑兵向俄国近卫军发动进攻，但步兵并未承担作战任务，并且"因埋怨而叫喊"。1806年，龙骑兵团——"皇后龙骑兵"加入近卫军。当年被编入近卫军的还有燧发枪团——掷弹兵军的一部分。近卫军由于没有被投入耶拿战役而感到不满，尽管该部队后来胜利进入柏林。近卫军骑兵部队在埃劳战役中表现出色，在紧急关头有效发挥作用，在那令人胆寒的一天即将结束时将俄军扔出墓区。

近卫军招募了1个军的宪兵骑士，以鼓励旧王朝中的贵族阶层参加军队。但这些宪兵骑士并不受欢迎，于1807年被解散。

近卫军在当年还招募了波兰枪骑兵。这些枪骑兵在1808年向通往马德里的索莫西埃拉发动了孤注一掷的进攻。到了1814年，波兰枪骑兵的一个支队跟随拿破仑来到厄尔巴岛。在拿破仑于1810年吞并荷兰之后，第二枪骑兵团——众所周知的“红色枪骑兵”加入近卫军，其中许多人来自荷兰近卫军的轻骑兵部队。第三团是在立陶宛招募的，但当年就在俄国被打垮。1813年，有3个骑兵先锋团被编入近卫军，但其中的2个团很快就被调到前线，第三个骑兵先锋团招募的是波兰人，被送回到波兰。

近卫军的步兵部队也在发展壮大。掷弹兵军不仅包括近卫军掷弹兵，精锐的“熊皮老兵”——“抱怨者”（自1810年起编入1个荷兰团），还有燧发枪团、狙击兵团、新兵团和侧卫团。其中一些部队得以延续，其余部队则未能持久。轻型步兵军也经历

上图：1810 年，荷兰军队高举法兰西帝国近卫军第 2 枪骑兵团团旗，法军士气由此受到鼓舞。该团军服也被昵称为“红色枪骑兵”。

上图：华丽的丝线装饰的法兰西帝国近卫军第 1 步兵掷弹兵团团旗。它也被称为“枫丹白露告别之旗”。拿破仑在 1814 年退位时，曾经亲吻这面旗帜。

上图：英军在滑铁卢战役中缴获的法兰西帝国近卫军熊皮帽金属片的近照。

了类似的接纳新部队的过程，使得近卫军的光芒能够普照全军。随着近卫军扩编为独立的作战军团，部队编制进行了进一步细化，以保持等级制度。例如，在1815年的滑铁卢战役中，近卫军下辖3个步兵师——老近卫军、中年近卫军和青年近卫军，还有重装和轻装骑兵部队，以及配备118门火炮的炮兵部队，总兵力达2万多人。

近卫军的素质毋庸置疑。在博罗季诺等战役中，拿破仑拒绝让作为最后预备力量的近卫军去冒险参战。一旦他将近卫军投入战斗，常常能取得决定性的效果。不过，近卫军在滑铁卢的挫败影响重大：随着“老抱怨者”的残余力量沿着铁蹄践踏的山坡溃退，这也标志着拿破仑王朝的终结。

右图：法兰西帝国近卫军的一名掷弹兵正在站岗，而拿破仑和他的参谋人员正站在此人身后的树林边进行观察。在战斗中，这些掷弹兵的白色裤子和防泥绑腿常常换成蓝色。

百日王朝：滑铁卢

6月17日晨，身在夸特布拉斯的威灵顿得到消息，布吕歇尔在里格尼遭到重创。但他告诉普鲁士的联络官，如果布吕歇尔向他提供援助，他将在圣让山的山脊上进行战斗。

老将布吕歇尔在里格尼摔下马并遭到踩踏。他的参谋长格奈森诺在指挥官缺席的情况下做出决定，向里格尼后撤，先在瓦夫尔集结。布吕歇尔返回后取消了这道命令：军人的荣誉感和常识促使他决定与威灵顿会合。

6 月 17 日，拿破仑缓缓出动。他以为普鲁士军队将向里格尼退却，却没料到威灵顿仍在夸特布拉斯。当天上午晚些时候，他命令格鲁希向让布卢进发，咬住普军。然而，威灵顿借助强雷雨天气摆脱了法军，于 6 月 17 日晚率领 6.8 万名官兵抵达圣让

左图：巴特勒夫人的宏伟巨作《永远的苏格兰》展现了皇家苏格兰灰骑兵团发动冲锋的场景。敌方步兵部队被打垮，爱华特中士夺取了拿破仑部队的一面鹰旗。但该团在法军的反击中被打散。

上图：位于布鲁塞尔主干道上的拉海圣农庄，由英王德意志军团第2轻型步兵营驻守。该营作战极为勇敢，并且得到了军团步兵部队和纳索营的增援。下午6时，守军弹尽粮绝，农庄最终陷落。

阿克斯布里奇伯爵与安格尔西侯爵
亨利·威廉·佩吉特（1768—1854年）

佩吉特勋爵于1793年招募了一支步兵团，但他很快就以骑兵理论家而著称。他负责指挥大不列颠半岛的穆尔勋爵骑兵部队，但因为与威灵顿嫂子的私通，他不可能在威灵顿手下任职。直至1815年，佩吉特成为阿克斯布里奇勋爵，作为骑兵部队指挥官，有效履行了威灵顿公爵副手的职责。他在滑铁卢战役中失去了一条腿，随后很快被封为侯爵。后来他活跃在政坛上，同时担任军械总局局长和爱尔兰总督。

背景图：费力克斯·菲利博托想象中的滑铁卢比实际地貌更为起伏不平。但他的画作捕捉到了法国胸甲骑兵攻击方阵的战斗激情。

山。拿破仑则率领7.2万名法军官兵在卡拉又农场过夜。6月18日晨，他在那里会见了高级军官。苏尔特力劝拿破仑命令格鲁希撤回来，但拿破仑下达的命令言辞模糊，要求格鲁希将8万余众的普军挡在战场外面。

拿破仑提出向威灵顿右翼中心的乌古蒙农庄发动佯攻，然后沿布鲁塞尔主干道发起攻击，将敌方阵地截成两段。法军将在主干道西侧部署84门12磅炮，为攻击行动提供支援。由于地面泥泞，攻击行动推迟至1时，等待地面变干。这将对盟军有利。上午9:30，布吕歇尔告诉威灵顿，他将前来会合，并将赶在比洛军的前面。格鲁希没有接到明确的命令，且不习惯独立指挥，未能率部楔入普军与威灵顿部队之间。战局就如同与时间赛跑：拿破仑能否赶在布吕歇尔到达之前打败威灵顿？

就在正午之前，雷耶军的热罗姆·波拿巴师向乌古蒙发动进攻。攻击行动促使双方均投入兵力进行增援。下午1:30左右，戴尔隆率部沿主干道发动进攻，并进至山脊线，但在途中遭到炮火的打击，并遭到山顶的敌军步枪火力阻击。阿克斯布里奇

左图：威灵顿和布吕歇尔在战役结束时会面。两位指挥官都骑在马上。布吕歇尔的身体向前倾，与威灵顿拥抱，感慨道："我亲爱的战友！这是怎样的丰功伟绩啊！"

上大图：拿破仑在观察滑铁卢战场的中央战区，背景是缓坡上的威灵顿陆军部队。

上小图：英国滑铁卢战役奖章。

勋爵率领的英军骑兵部队打垮了法军，并突入法军炮兵防线，结果被打散。随后，内伊接连派遣骑兵部队沿山坡发动攻击，攻击线路在主干道以西，与主干道平行。迎击他们的是呈方阵部署的威灵顿步兵部队。6时许，法军步兵攻克了英王德意志军团驻守的主干道上的拉海圣农庄。但在此时，普军出现在法军右翼。尽管拿破仑派遣青年近卫军前去阻击，但显然已经来不及了。

战局达到了高潮，威灵顿的部队遭到猛烈打击。晚上7时许，拿破仑派遣近卫军掷弹兵和轻骑兵部队向威灵顿的右翼中央发动攻击，但在到达山脊时遭到与主干道呈垂直方向部署的英军第52步兵团正面和侧面步枪火力的打击。随着法军近卫军后撤，威灵顿下令全线进军，但他的骑兵部队已疲惫不堪。只有普军的骑兵仍在奋勇向前，在月光的映衬下用马刀砍杀逃亡的法军。

Sketch of the Ground & of the Battle of Waterloo - fought the 18th June 1815
A. The British Troops in Position
B The Squares of British Infantry repeatedly charged by the Enemy's Cavalry
C The French Cuirassiers in Column before and after their charge
E The French Columns of the Infantry of the Guard formed for the attack
D The Wood which the Enemy so obstinately endeavoured to gain but without success
F High hill on which there is a Telegraph & from whence Buonaparte directed the movements of his Troops
G. Road by which the Prussians advanced in the Evening of the 18th
H Road by which the Enemy retreated
La Haye
3.0

威廉·奥兰治亲王
（1792—1849年）

威廉·奥兰治亲王是尼德兰国王威廉一世的儿子，在3岁时遭到法国人的流放。他后来在柏林和牛津接受教育，于1811年成为西班牙威灵顿将军的副官。1815年，他负责指挥威灵顿的一个军，但他的失误暴露出经验不足。在夸特布拉斯，尽管法军骑兵部队就在附近，但他还是不顾反对意见，命令一些英军作战营将阵型从方形调整为线形。结果他的部队立刻遭到攻击，遭受严重损失。在滑铁卢，他将奥普迪达上校的英王德意志军团投入到毫无希望的反攻拉海圣的战斗中。不过，他的勇敢毋庸置疑，自己也在战斗中负伤。1830年，奥兰治亲王试图阻止父辈王朝版图中的荷兰与比利时发生分裂，但没能成功。从1830年起，他成为威廉二世，实施君主统治。他最初持保守立场，但1848年审查通过新宪法，对王权进行了限制。

左上图：滑铁卢战役地形和部署概略图，由英国皇家工程兵部队汤普森上尉和吉尔伯特中尉制作。

左下图：在滑铁卢战役结束时，威灵顿举起帽子示意全线进军。

帝国暮日：圣·赫勒拿

从军事角度并不能直接证明滑铁卢的失败是决定性的。

法军和盟军在这场战役中的伤亡人数分别为约 6 万人和 5.5 万人。此前，苏尔特已经重新组建了北方军团，奥地利军队被阻挡在皮埃蒙特，施瓦岑贝格的先头部队遭到痛击。然而，拿破仑并未能获得广泛的支持。他在 6 月 21 日抵达巴黎时，国民议会要求他退位。拿破仑意识到一切

都完了，于是在 6 月 22 日宣布退位，由他的儿子继任。临时政府同意达成停火协定，即《巴黎条约》。最终的和平使法国的百日王朝受到了惩罚，被迫后退至 1789 年的边境，在大革命期间获得的领土全部被剥夺。

拿破仑隐退至马尔迈松，考虑他的将来。他提出去美国："他们会给我一块

左图：拿破仑登上“尼罗河老兵”——英国皇家海军“柏勒罗丰”号战列舰，前往朴茨茅斯。

上图：漫长的地平线：拿破仑从圣·赫勒拿岛眺望大海。

地，或者我自己买一块地，我们一起耕作，依靠种植田地的收成和放养牲畜谋生。”不过，当他抵达波尔多，登上法军“萨勒”号护卫舰时，英国皇家海军“柏勒罗丰”号战列舰舰长梅特兰上校奉命将拿破仑及其随从人员带上英舰。7 月 15 日，星期六，拿破仑永远离开了法国。他乘坐“柏勒罗丰”号战列舰抵达朴茨茅斯，后于 8 月 7 日被转送到英国皇家海军“诺森伯兰”号军舰上。10 个星期后，他抵达圣·赫勒拿岛——位于南大西洋的一座火山岛。

上图：拿破仑与两位“巴尔科姆小姐”。这两人是东印度公司职员威廉·巴尔科姆的女儿。当拿破仑到达圣·赫勒拿岛时，她们高喊着“波尼，波尼”，对他表示欢迎，有时还会去朗伍德看望他。

上图：拿破仑与拉斯·卡萨斯伯爵在进行长谈。他们之间的长谈，为拿破仑死后出版的八卷本的《圣·赫勒拿备忘录》以及拉斯·卡萨斯本人的回忆录奠定了基础。

拿破仑被安置在朗伍德庄园，距离该岛首府——小型城镇詹姆斯敦6公里（4英里）。关于他在那里的居留环境，人们众说纷纭。他获准带着少数随从——贝特朗将军夫妇、蒙托隆伯爵夫妇、古尔戈将军，还有他的秘书——后来帮他撰写回忆录的历史学家伊曼纽尔·拉斯·卡萨斯。他还有仆人、银盘，食物和酒水的供应也很宽松。他还被准许在朗伍德周围20公里（12英里）的范围内骑马活动，后来被限制在13公里（8英里）。但毫无疑问，拿破仑已沦为阶下囚。他只要离开庄园，就会有看守跟随。他的所有通信必须经过总督办公室的审查。

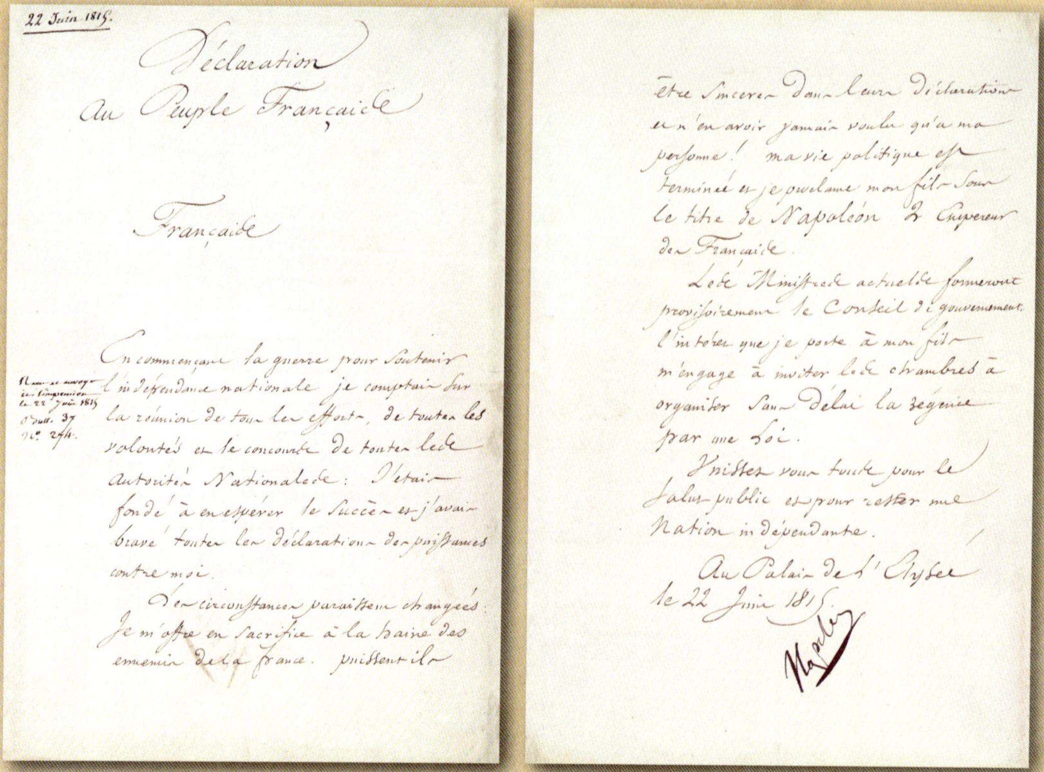

22 Juin 1815.

Déclaration au Peuple Français

Français

En commençant la guerre pour soutenir l'indépendance nationale je comptais sur la réunion de tous les efforts, de toutes les volontés et le concours de toutes les autorités Nationales: J'étais fondé à en espérer le succès et j'avais bravé toutes les déclarations des puissances contre moi.

Les circonstances paraissent changées. Je m'offre en sacrifice à la haine des ennemis de la France. Puissent-ils être sincères dans leurs déclarations et n'en avoir jamais voulu qu'à ma personne! Ma vie politique est terminée et je proclame mon fils sous le titre de Napoléon 2 Empereur des Français.

Les Ministres actuels formeront provisoirement le Conseil de gouvernement. L'intérêt que je porte à mon fils m'engage à inviter les chambres à organiser sans délai la régence par une loi.

Unissez vous tous pour le salut public et pour rester une nation indépendante.

Au Palais de l'Elysée le 22 Juin 1815

Napoléon

上图：拿破仑的退位书，于1815年6月22日签署。

上图：拿破仑的手表，被赠予圣·赫勒拿岛总督哈德森·娄。

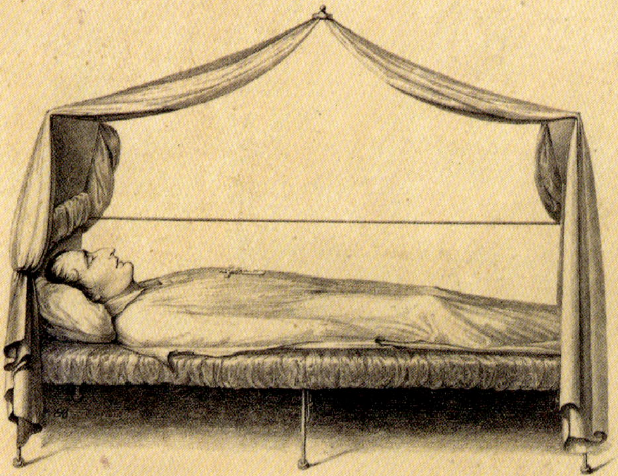

上图：拿破仑的遗体躺在他曾在奥斯特里茨使用过的行军床上。

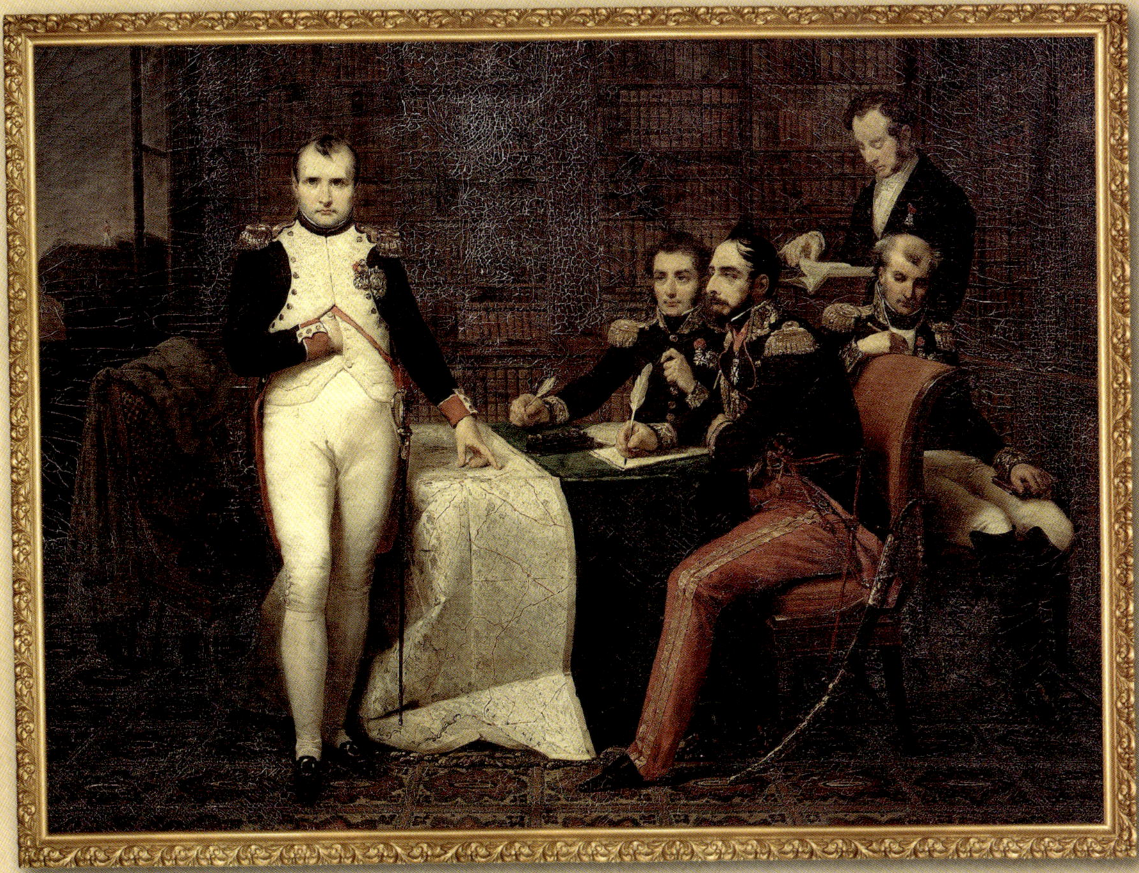

上图：拿破仑向蒙托隆（左侧坐立者）和古尔戈口述自传，此二人身后是贝特朗和拉斯·卡萨斯。

岛上还建有大型要塞，防止有人企图营救拿破仑。那里的气候并不舒适，朗伍德非常潮湿。

1816年4月，勋爵哈德森·娄少将成为圣·赫勒拿岛总督。此人是一位46岁的老兵，会说法语、德语和意大利科西嘉方言。最近有支持者将他描绘成“甘于奉献的公职人员，担负着麻烦的差事——执行伦敦方面下达的严格的、内容详尽的指令”。然而，娄却饱受抨击，特别是拿破仑在指示中称：“要让欧洲知道我们在这里的待遇有多么糟糕，这样他们就会感到愤慨。”根据伦敦方面的指示，娄称呼拿破仑为“波拿巴将军”。他在最后一次会谈中对拿破仑说：“你对我性格的误解和行事的粗鲁，更激发了我的同情心。”娄

哈德森·娄
（1769—1844 年）

娄出生于爱尔兰戈尔韦，是一位陆军军医的儿子。他于1787年进入第50步兵团服役，并招募由反法的科西嘉人组成的科西嘉突击队，在埃及指挥该部队作战。后来，他在地中海地区担任一系列高级职位。1813—1814年，他加入反法盟军，参加了一系列大规模战役，并被选派将拿破仑1814年退位的消息带到伦敦。1815年，他被授予爵位，晋升为少将军衔，并被任命为圣·赫勒拿岛总督。娄坚决果断，态度生硬。他并非冷酷无情，但还是在舆论宣传中成为负面形象。

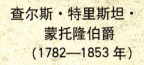

查尔斯·特里斯坦·蒙托隆伯爵（1782—1853年）

蒙托隆本人坚持声称，他的军旅生涯始于1798年，并最终晋升为将军。不过，最近有一些学者发现并没有这方面的证据，只是波旁王朝曾于1814年任命他为准将。他追随拿破仑来到圣·赫勒拿，并且不遗余力地对哈德森·娄进行贬损。那些认为拿破仑被谋杀的人们，将蒙托隆视为可能的凶手。这可能是因为他从拿破仑的遗嘱中受益，也可能因为他曾被波旁王朝收买。蒙托隆在1840年因支持路易斯·拿破仑的“布洛涅政变”遭到监禁，后来在第二共和国中担任副职。对他不利的证据非常有力，但无法得到最后证实。

将负责照料拿破仑的海军军医巴里·欧米拉解职，名义上是帮助将未经审查的信件带离圣·赫勒拿岛。但拿破仑的支持者声称，欧米拉遭到解职的真正原因是因为他善待拿破仑。我们至多可以说，娄是一名刻板的狱卒，而不是虐待狂。在朗伍德发生的不快，应在很大程度上归因于拿破仑随从内部的幽闭恐怖气氛。

1818年，拿破仑显然已经患病。到了1820年，严重的胃痛和阵阵呕吐使得他只能食用流质。他的医生安东马尔基给他服用氯化亚汞，但在经过一段时间的剧烈疼痛后，拿破仑于1821年5月5日上午去世。验尸分析的结论是，他和他的父亲一样死于胃癌，但这一结论受到了强烈的质疑。对他的头发进行化验发现，砷的含量出奇的高，如今，舆论普遍认为拿破仑是被毒死的（最近一次是在2005年6月7日的《医学生活》中被确认）。最有可能的罪魁祸首是蒙托隆，他不仅结束了流放的命运，还因拿破仑的去世获得了丰厚的遗产。

拿破仑的遗产

拿破仑终于入土为安了。他身着平生最喜爱的帝国近卫军轻骑兵服饰，带着他军旅生涯的荣耀，还有圣·赫勒拿要塞2000名官兵装饰的灵堂。但他并不会一直安葬在这里。

波旁王朝成员搭乘盟国辎重列车返回法国，开始对高官及其他官员进行整肃，处决了数千名波拿巴主义信仰者，以私刑的方式解决当地宿怨。不过，随着战争的记忆渐渐消退，无论是复辟的波旁王朝还是在1830—1848年期间统治法国的奥尔良七月王朝，都无法掩盖早已远去的拿破仑雄鹰的光芒。“人们在谈论拿破仑的时候，往往并不是谴责他令人震惊的严酷，而是提醒我们这些小人物，他的余威还在。二十年来，他给予我们的敌人以沉重打击。”与波旁王朝和奥尔良王朝势不两立的温和的共和主义者，正与一种新兴的、随和的政治力量——波拿巴主义者相融合。

> 尽管一些人企图对我进行限制、压制和抑制，但难以将我从公众的记忆中全部抹去。法国历史学家必然会研究法兰西帝国……也必然会给予我应有的评价。
>
> ——拿破仑

人们对于拿破仑仍然记忆犹新。退伍军官们在咖啡馆里喃喃自语，追忆他们昔日的统帅；穷困潦倒的退伍士兵轻抚外套的翻领，展示自己的“法国荣誉军团勋章”，引得哨兵行礼致敬。廉价的彩画展示了拿破仑在十几场战斗中的形象。还有拿破仑特别钟爱的紫罗兰的图画——这是一张幻图，象征着拿破仑、玛丽·路易丝和他们的儿子罗马王。8月15日，即拿破仑诞辰日，人们同样在虔诚地庆祝。巴尔扎克虚构了戈德温的形象，他是别列津河战役的一名工兵，在冰冷的河水中向拿破仑致敬。雨果描绘了滑铁卢战场的“荒野”，诅咒天气（不过是几滴雨）剥夺了英雄的胜利。1840年，拿破仑的遗体被运回法国，在巴黎荣军院重新安葬——此前，

上图：莫再斯的画作《应运加冕的拿破仑一世在编撰民法典》，再现了拿破仑令人难忘的立法者形象。

这里进行了重新改造。一家著名报纸慷慨激昂地宣称："最重要的是，在此次安葬典礼上，法兰西共和国和法兰西帝国军队的退伍战士们再现了法国大革命的场景。前来表达敬意的巴黎人，被我们光荣历史的记忆所感染。"

1848 年 12 月，拿破仑的侄子路易斯·拿破仑借助民众的这种情感，赢得了法兰西第二共和国的总统选举，并于 1851 年 12 月发动第二次"雾月政变"，

卡尔·菲利普·戈特弗里德·冯·克劳塞维茨（1780—1831年）

克劳塞维茨于1792年参加普鲁士军队，并于1806年在耶拿作战。之后他离开普军，并于1812—1814年在俄军效力。后来他重返普军，在滑铁卢战役期间担任军参谋长。克劳塞维茨直至去世也未曾担任过作战指挥官，但他成为具有深远影响的军事思想家。他的巨著《战争论》在去世后由妻子于1832年出版，影响了几代人的军事思想，直至今日仍在发行。他赞赏拿破仑“为了取得决定性胜利而甘冒一切风险”。他的巨著强调实战、战争的政治属性以及理论与实践之间的矛盾，这也是他在拿破仑战争中个人经历的反映。

法兰西帝国国王拿破仑三世（1808—1873年）

拿破仑三世是路易·波拿巴的第三个儿子。1832年拿破仑的儿子去世后，他成为拿破仑家族的首领，并于1836年和1840年先后两次政变未遂。1848年，他被选举进入立法议会，并很快当选为总统。1851年，他独揽大权，并于次年自封为国王。他在统治期间带来了物质上的繁荣，并在巴黎留下了持久的印迹。但是，他的军事冒险最终导致普法战争的爆发。1870年，他在色当被俘，此后生活在英格兰直至离世。他唯一的儿子在1879年祖鲁战争中阵亡。

下图：1840 年 12 月 15 日，拿破仑的遗骸最终被运往荣军院。

统揽大权。一年后，他成为法兰西帝国国王，自称为拿破仑三世（罗马王从未实施君主统治，并于 1832 年带着奥地利莱西斯塔德公爵的爵位去世，应该是“拿破仑二世”），并一直行使统治权，直至 1870 年普法战争在色当被俘。当时，波拿巴主义者并不是强弩之末。不过，拿破仑三世唯一的儿子王太子在 1879 年祖鲁战争中阵亡，使波拿巴主义者遭受重创，从此再也未能恢复元气。

如果说波拿巴主义者在 19 世纪末的时候已经分崩离析，那么拿破仑留下的遗产仍在延续。《拿破仑民法典》仍然构成法国民法的基础，并在其他一

上图：1840 年 10 月 15 日，在圣·赫勒拿的詹姆斯敦港，拿破仑的灵柩被起重机吊上“拉贝尔伯爵”号护卫舰。

右图：1821 年 5 月 9 日，拿破仑的葬礼在圣·赫勒拿举行。拿破仑的灵柩上覆盖着他曾经在马伦戈穿着的蓝色披肩，由英军士兵护送到他的墓穴。一支鸣枪队向空中进行了 3 阵齐射。

些法国盟国的法典中得到了借鉴。法国的行政和教育体制仍然归因于拿破仑。一些法国人还倾向于将欧盟与拿破仑帝国作比较，借此将拿破仑视为首位伟大的欧洲人，打破政治和商业藩篱，建立欧洲大陆的统一，只有英国不配合。如果说拿破仑在 1815 年的滑铁卢战役中战败，那么他已经赢得了此后的斗争。在盟国中心地带遍布的咖啡馆和纪念品商店出售的铜盘、纪念盘和小装饰品，更多地印嵌着战败者拿破仑的头像，而不是胜利者威灵顿或者布吕歇尔的头像。这或许正是拿破仑持久魅力的象征。我们或许太过容易忘记他的过分自负和令人震惊的愤世嫉俗，还有他发动的毁灭性的战争和徒劳的征讨，但是会牢牢记住这个马背上的人白手起家，让法国人几乎在不经意间成为欧洲大陆的主宰。

图书在版编目（CIP）数据

拿破仑图传 / （英）理查德·霍尔姆斯著；胡向春译. -- 武汉 ：长江文艺出版社，2017.12
（一世珍藏名人名传精品典藏）
ISBN 978-7-5354-9033-9

Ⅰ. ①拿… Ⅱ. ①理… ②胡… Ⅲ. ①拿破仑（Napoleon，Bonaparte 1769-1821）一传记 Ⅳ. ①K835.655.2

中国版本图书馆 CIP 数据核字(2016)第 190226 号

责任编辑：陈俊帆　施柳柳　　责任校对：陈　琪
封面设计：今亮后声　　责任印制：邱　莉　胡丽平

出版：长江出版传媒 | 长江文艺出版社
地址：武汉市雄楚大街 268 号　　邮编：430070
发行：长江文艺出版社
电话：027—87679360
http://www.cjlap.com
印刷：武汉市金港彩印有限公司

开本：710 毫米×980 毫米　1/16　印张：15　插页：4 页
版次：2017 年 12 月第 1 版　　2017 年 12 月第 1 次印刷

定价：56.00 元